U0042736

RICH
ARK
致富方舟

RICH
ARK
致富方舟

金錢的才能

お金の才能

用20萬積蓄滾出8000萬身價！窮忙族變身億萬富豪的

「加速創富」投資術

日本億萬富豪 知名理財顧問

午堂登紀雄 著

林巍翰 譯

方舟文化

和錢打好交道，不被疫情擊倒

本書最早出版於二〇〇九年，時光荏苒，那已經是十二年前的事了。書籍出版之後，我的生活在公、私兩方面都發生了巨大的改變，用錢的方式自然也和過去不一樣了。

二〇一一年三月時，因東日本大震災所引發的核能發電廠事故，促使我開始思考「通勤到公司上班，會讓自己的行動受到限制」這件事。之後我把公司給收了，以「一人公司」的方式來繼續自己的工作。

與此同時，我還把重心轉移到能在網上解決的工作上，如此一來，不論何時何地，我都能辦公，成為像我在本書中所提到的「游牧式」工作型態。

在本書出版的年代，一美元可兌換八十日圓。當時我利用這個「日圓匯價超高」[1]的機會，在海外購置了不動產，作為分散投資的一種手段。

除了不動產外，我還進一步把錢投資在太陽能發電站這類備受世人矚目的再生能源上。

私生活方面，我在結了婚也有了孩子後，舉家離開了活動空間少、又有許多「待機兒童」[2]的東京都，搬到了郊區。在這裡，我既不租屋也不買房，而是蓋了一棟可供租用的獨棟公寓，自己和家人也住在其中一戶裡。

這在日本稱為「賃貸併用住宅」，由於房客付的租金可以拿來支付貸款，因此在居住這方面我不用額外花錢。這也源自我在本書中所提到的想法，要讓自己隨時都能處在行動自如的狀態。

在寫這篇中文版序文的當下，雖然受到新冠肺炎疫情的波及，我的社會生活受到很大的限制，但因為自己的理財方法得當，所以收入幾乎沒有受到任何影響。

另一方面，在日本政府呼籲人民要避免「三密」[3]，並希望餐廳能配合不要提供酒精飲料的大環境下，我變得很少外食。不能和好朋友相聚把酒言歡，真的是很無奈啊！

儘管環境上有這麼多變化，但當我重新回去閱讀本書之後，能夠很有自信地宣稱，書中

1 原文作「超円高」。二〇二一年，美元兌日圓匯率大致在一美元兌一百至一百一十日圓左右。
2 指申請不到幼兒園就讀的孩子。由於日本家庭較少請長輩幫忙帶小孩或聘請保母，許多媽媽因此被迫辭去工作，回家育兒。
3 「三密」為日本政府在預防新冠肺炎疫情時所提出的口號，內容在呼籲民眾避開「密閉、密集、密接」這三種情況。

的內容一點也不落伍，裡頭的觀念仍可應用於當今的社會。

若想實現豐富多彩的人生，就得學會如何和錢好好地打交道才行。而想要讓自己和錢好好打交道的話，我們需要拋開既定觀念以順應時代，活絡思考方式、增加知識儲備，並採取有策略的行動。

肺炎疫情雖然讓整個社會氣氛變得很抑鬱，但我們沒有必要受到環境的影響而限縮自己。反而應該利用此時，去思考更具發展的未來，你說是不是？

希望本書能為你帶來靈感，這是筆者所最樂見的事。

二〇二一年九月

前言

學會一生不爲錢所困的技術

什麼是「金錢的才能」？

當你們聽到「金錢的才能」[4]一詞時，心裡有什麼想法呢？「說的是節省支出嗎」、「那是什麼？我身上可沒有那種東西喔」、「好像很難懂耶」。相信大家的想法都不一樣吧。

本書想和你分享的「才能」，並非「要省錢」、「要存錢」這麼單純的事情。當然，也不是什麼高深的內容，而是每個人都能學會的事物。

所謂「金錢的才能」，我認為應該是：「養成能擺脫僵化『常識』的習慣，**能自由地使用金錢這種道具，讓自己過上充實人生的能力**」。

4 お金の才能，本書日文書名。

舉例來說，你認為以下哪一句話是正確的呢？

「不景氣的時候應該要節省開支。」

「長期分散投資是正確的做法。」

「不懂理財，年紀大了以後會很辛苦喔！」

「基金適合投資小白。」

其實這幾句話都有問題。詳細的理由待我在後文中再向各位一一道來，但以上幾點，不論哪一句，都是社會上所謂的常識。

另外，我們之所以會碰到像是「買了一個自己其實不常用的東西」、「購入被大家吹捧的金融商品，結果現在變成壁紙」、「為了公司盡心盡力，最終卻被解僱」、「從一流名校畢業，薪資收入卻越來越差」之類的事，其實也和我們一味遵守他人所創造出來的常識，以及生活在由其他人所制定出來的系統中，脫離不了關係。因此我們首先要做的，是要讓自己從被社會常識所束縛住的狀態中，解放出來才行。

最近幾年來，工作與生活的平衡（Work-Life balance）、零加班，以及輕鬆工作就能交出好成績等概念，備受世人推崇。從這股風潮中我們可以發現到，有許多人想從認真打拚中逃離出來，不想努力了。

也就是說，**這個時候，正是我們彎道超車其他人的最佳時機**。

不管在任何領域，只要有人能打破工作與生活的界線、懷抱熱情、全身心地投入到一件事情裡的話，那麼，沒有人會是他的對手。

這個概念套用在金錢方面也是相同的。有些人一聽到別人要他們試著思考有關錢的事情時，就會產生「好麻煩啊」、「這種話題真討厭」、「現在談這個也沒必要」的感覺。

事實上，這就造成了人們停止動腦思考，結果一聽到有人拍胸脯表示「欸，這個東西很划算」或「這個方法很棒喔」，就爭先恐後地撲上去買單。

當然，本書的內容也只是提供作為思考的材料，「對自己來說，什麼才是正確的呢」，這樣的問題，還得由你自己去尋找答案才行。

本書希望能讓你感受到：正是在這個資訊氾濫、令許多人覺得好好思考一件事情很麻煩的時代，**想靠自己的力量去找出答案的人，才能真正手握人生的掌控權**。

五種金錢的才能

本書中想要介紹五種有關金錢的才能，分別是「存錢的能力」、「藉由解讀資訊來掌握財富的能力」、「增加資產的能力」、「用錢的能力」以及「賺錢的能力」。

只要擁有**「存錢的能力」**，就能在沒有壓力的情況下有效率地存錢。如此一來，不但能在急需用錢時有所保障，在遇到投資良機時也不至於錯過，**培養出能從容面對事物的心態**。

「藉由解讀資訊來掌握財富的能力」，指的是能辨別社會上氾濫資訊的真偽，並做出如何正確用錢的決定。只要擁有這種能力，**就不會被資訊牽著鼻子走，能夠做出合理的判斷**。

擁有**「增加資產的能力」**，就能讓自己在睡覺或旅行時，也能透過用錢滾錢的「信用創造機制」，來增加自己的財富。

擁有**「用錢的能力」**，就能避免浪費。當你的每一筆錢都是投資，也就意味著你能**以最少的支出，獲得最大的經濟效果和滿足度**。

擁有**「賺錢的能力」**的話，就算時代和環境再怎麼改變，甚至遭到公司裁員，自己還是能好好地活下去。哪怕沒有任何存款，還是能有**「不管在什麼樣的情況下，我都能賺到錢」的強烈信心**。

在現代社會裡，要說金錢是一種萬能的工具，一點也不為過。這是因為，對於生活在經濟體系全靠金流循環的我們而言，日常生活中所遇到的所有大小事，幾乎都能用錢來解決。

若要想維持家人的生活品質、實現自己的夢想並掌控人生的方向盤，那麼就需要提高前述這五種「金錢的才能」，才能如願以償。

節儉是通往貧窮的最短路徑!?

「應該避免把錢花在非緊急需要或必要性較低的東西上。」

「買東西時應盡量挑價格比較便宜的。」

上述的行為就是節儉，而且確實也很重要。

如果想降低生活的收支平衡點，打造一個能以低成本來過生活的體系，確實還得靠節儉來達成才行。

尤其像是遇到遭公司減薪這種狀況時，執行這樣的止血措施的確能收到一定的效果。因為想要增加收入，並非一時半刻就能實現的事情，但降低成本卻可以立即執行。

然而當我們一想到接下來會發生的社會變動（加稅及社會保障相關費用增加等）時，還是會對節儉這樣的行為可能緩不濟急而感到不安。

比方說，當消費稅從百分之五提高到百分之十[5]，對每個月花用二十萬日圓的人來說，他的每月生活成本會額外增加一萬日圓。要是健康保險和年金保險的費用也跟著上升，生活將會受到更大的影響。如此一來，自己能用的錢不斷減少，人生的自由度也隨之縮減。

如果一個人實際到手的薪水為二十萬日圓，那麼無論他怎麼節省，能夠使用的金額上限也就是二十萬日圓。

以前我曾聽過這麼一個著名的故事，把一頭大象栓在椿子上幾十年後，就算讓牠恢復自由之身，牠也不會離開那根椿子太遠。過著節省、把支出限制在收入之內的生活，不就是讓我們活得宛如故事中那頭大象一樣嗎？

節省會讓人們的思考變得貧乏

節省這件事會造成的最大問題，是招致「思考的貧乏」。

要做到節省其實很簡單，就是單純地忍耐，不去買東西就行了。或是在購物時，挑選比較廉價的商品。

不論是房貸利率、家電用品、衣服、手機費用以至於蔬菜價格，現在都可以透過網路來比價，立刻能幫我們找出最便宜的選項。

然而在不景氣的時代裡，願意認真思考「該怎麼做才能增加收入」的人，其實並不多。會這樣的原因在於，要想增加收入，人們**得認真地去思考，並徹底執行自己所設定的行動**。

這可是一件很辛苦的事情喔！

雖說想過節省的生活，也得動腦去想該怎麼做，**但這和去思考如何增加自己的收入相比，根本不是同一個層次的問題**。

具體內容我會在後文中詳細說明。請記得，我們每個人都是自己這間「一人公司」的負責人，因此，思考「如何才能讓自己這項商品的魅力與價值極大化」這件事，我們責無旁貸。

年收三千萬和年收三百萬的人，差別在哪裡？

同樣一天工作八個小時，有人年收入三百萬日圓，但也有人年收入為三千萬日圓。

一天有二十四小時，這對每個人來說都是一樣的。年收入三千萬的人，並沒有比年收入三百萬的人多十倍的工作時間。由此可知，一個人的收入並不一定和他的勞動時間成正比。

---

5 二〇〇九年時，日本的消費稅尚為百分之五。二〇一四年四月增加至百分之八，二〇一九年十月增加至百分之十。

那麼這兩種人之間的差別在哪裡呢？

我認為是「思考力」和「行動力」。

舉例來說，我們經常可以看到在星期五的晚上，有人會和同事們到居酒屋，在那裡抱怨公司和上司的不是，然後一直喝到深夜而歸。

你認為，這會是年收入三千萬日圓的人所做的事情嗎？

每個人在一生之中，都會遇到幾個「分歧點」，而後依據當下選擇的道路和行動不同，決定了自己的人生。

也就是說，**假設你目前的年收入為三百萬日圓的話，這就是你一路走來所呈現出的結果。可以說，你只是做了促成這個結果的選擇與行動而已。**

因此，如果希望自己的年收入達到三千萬日圓的話，就必須捨棄年收入三百萬日圓的思考方式，往年收入三千萬日圓的思考和行動方式靠攏。

具體做法是，讓自己從延伸自過去的想法中脫離出來，重點不再是「我到目前為止都做了些什麼」，取而代之的是「從現在開始要做什麼」，讓自己的意識轉向三年後、五年後自己想要成為的樣子。

在運動的世界裡有句話是這麼說的，「比賽開始後才發現練習不夠，這時已經太遲了」。

幾年之後，你會不會感慨「如果當時有咬緊牙根、努力打拚就好了」，就取決於你從現在開始所採取的行動。

只是感嘆景氣不好或時運不濟，是沒有辦法改變任何事情的。

各位不妨試著這麼想，如何把這樣的情況轉變為機會，或者如何才能從這樣的狀況之中找出機會，這會是一項考驗智慧與勇氣的挑戰。

我相信，接下來的時代將屬於努力不懈的人。

如果拙著能提高各位「金錢的才能」，在大家打造「不為錢所困的人生」這條道路上，起到一丁點幫助，筆者將感到無比欣慰。

二〇〇九年十二月吉日

午堂登紀雄

CONTENTS

中文版序／和錢打好交道，不被疫情擊倒　002

前言／學會一生不為錢所困的技術　005

第一章
存錢的能力

01 存錢力就是「以較低成本獲得相同滿足」　024

選擇，永遠不只一種／別做無謂的節省，重點是「滿足」！／自己的「時薪」不可不知／只用薪水過生活，獎金請分文不動／帳戶用途「系統化」，幫你存到頭期款／面子就是成本／打造低成本體質／把固定費用化為變動費用

02 壽險不是必需品 035

與其「預防萬一」，不如直接儲蓄／買壽險，和賭博沒兩樣？／別急著解約！風險管理評估有必要／不買壽險也活得好好的人

03 孩子的教育沒必要砸大錢 042

父母對成功的追求，就是最好的教育／給爸爸的零用錢，應該多一點／你的話語，形塑了孩子的世界觀

04 重新審視最大成本——居住費用 046

到底要買房還是租房？／選擇租房就是選擇自由／把不動產變成有金流的資產／地段好壞，比房子本身更重要／有歷史且都市機能完備的，才是好地段／與其買新房，不如挑中古屋／有房之後，應該思考的資產重組／活用自己的房子來累積資產／留意租屋淡旺季，有效降低成本

05 別和大家一樣，要做聰明的選擇 059

高價品或高級品，找價值鏈上游購買／提高生活中的「租借係數」／從商品和服務中，解讀企業的市場戰略／用計程車取代家用車／思考一下賣方在想些什麼／和別人一樣，就得付出更高的代價／別為了紓壓而花錢

第二章

解讀資訊、掌握財富的能力

01 鍛鍊資訊意識，培養洞察力 070
別被資訊牽著走，要會借力使力／煽動人心的預測，往往是謊言／領先他人十步之外的預判訓練／世上所有資訊都存在著偏差

02 重點不在「投資什麼」，而是「什麼績效最佳」 077
根據生活方式，決定最佳資產型態／配合景氣循環，調整資產配置／比較收益率，其實沒意義？／看線不看點，從字裡行間讀出獲利關鍵

03 什麼樣的投資顧問才可靠？ 085
別請沒賺到錢的人給意見／好的老師和不好的老師，怎麼分辨？／誰能幫助你成為有錢人？

04 通貨膨脹或緊縮的應對方法 089
你真的需要考慮通膨或通縮嗎？／通貨緊縮時，把錢存銀行就賺到了？

05 透過多元角度，敏銳解讀資訊　096
全球暖化還是寒化？正反觀點都要看／橫向比較不同媒體的資訊／觀點完全相反的新聞中，存在「失落的環節」／藉由新聞來綜觀國際局勢

第三章 有效增加資產的能力

01 贏在起跑點的「致富心態」　102
捨棄那些有關金錢的常識吧！／打造「多元收入」的思考法／正是「不勞」才有意義／累積財富的路上，沒人能穩賺不賠／遠離賭局！投資和投機是兩回事

02 讓資產不減反增的標的選擇法　112
選擇容易理解的標的／選擇容易取得資訊的標的／選擇能開槓桿的標的／投資可控制的資產

03 想賺到錢，有何祕密？ 117
找出規律性，打造交易勝局／如何找出事物根本的「價值」？／羅伯特・清崎如何察覺次貸危機的逼近？／分散投資也難守住資產的時代／集中投資，一口氣直上專家級的方法／真正的投資家，沒有分散投資的必要

04 投資常識，真的都正確嗎？ 126
長期投資能讓資產增加嗎？／證券公司話術背後的心理學／成為下一個巴菲特，可能嗎？

05 為什麼你買基金總是賠？ 132
基金不想讓你知道的事／世界成長的中心，新興市場勝率高？／抓住必定重複出現的趨勢良機

06 投資金融商品的不敗思考法 140
想贏就要學習（反覆學習、實踐與驗證）／研究投資，就像做實驗／能夠「等待」，才是強者／市場大崩潰，投資大良機／運用五感來確認的生活投資學／投資新興市場前，請記得「眼見為憑」／開槓桿前要三思，別只讓有錢人笑到最後／透過商品期貨，看見別人看不見的未來

07 股海茫茫，怎麼買才賺？ 150
業餘投資人也能看出市場扭曲嗎？／買的不只是股票，更是企業的價值／要買就買「想把孩子送進去工作」的公司／選股好困擾？不如選日經二二五指數期貨／投資外幣，要有不換回的打算／幾乎百分之百獲利的外匯交易法

08 有土斯有財，不動產的投資法 159
不動產是財富積累的新標準／不靠運氣和才能也有得賺／精於當沖的神祕股神，也在投資不動產？／不要看輕自己的判斷／重視安定勝過收益的投資策略／不動產中可沒有「撿到寶」這種事／因為有上班，想當房東更簡單

第四章 聰明用錢的能力

01 學會有價值的用錢方式 172
懂得花錢，就不會被錢擺弄／聰明消費，讓你的世界動起來／錢是種不容易使用的工具／反正金額相同，就要把錢用「活」！／不景氣，更該把錢花出去／花錢就是投資

02 最好的投資，是投資自己 180
你信得過「自己」這個「投資對象」嗎？／經驗是最重要的自我投資

03 讓自己更上一層樓的用錢方式 185
把錢花在一流的體驗上／在高級飯店喝杯咖啡吧

04 為自己花錢，更要懂為別人花錢 188
謹記，你的存在來自他人的投資／讓對方賺錢，自己也有得賺／約會時要去吃飯的理由

05 樹立價值觀，用錢有標準 193
要買之前先想像：我真的有需要嗎？／為價值買單，而不是價格／培養自己的「計畫性」和「自制力」／打造好形象，也是重要的投資

第五章 賺大錢的能力

01 孤身一人也能三年賺一億的氣魄 202
哪怕沒存款也不要緊／有賺大錢的自信，過得自由安穩／勞逸結合更能豐富人生

02 越是不景氣，越是要創業 206
名為「證照」的陷阱／「腦力收入」時代來臨／從儲蓄到投資，從投資到創業／不景氣時的自我磨練，讓未來一飛沖天／游牧式自由工作者的活躍時代

03 想在未來賺大錢，需要什麼能力？ 214
時代的需求，已從專家轉移到超級通才／串連不同技能，打造多元智慧／先把一招練到頂尖再說／接著拓展周邊領域／必備素養！對社會問題要有自己的觀點／厲害的亞洲人正在急起直追

04 找到更進一步的生存能力 222
透過「市場」角度，找出強化方向／時間寶貴，有「差異」才有優勢／致力提升不靠公司的賺錢能力／搞清楚自己的獲利模式／用個人名片來一決勝負！／每道金流都是一聲感謝／「不投資」行嗎？當然可以！

附錄

守住財產的能力

01 活用稅制，打好資產防衛戰 236

認識課稅的原理／會計上的赤字，是創造大量現金流的祕密武器／在合法與非法之間，廣大的灰色地帶／打造屬於個人的「避稅港」／利用副業，取得通往特權世界的護照／讓不動產成為你的節稅機器／開賓士接送孩子的人，竟然不用付托兒所費用？／年收超過千萬日圓，就不該付稅金了／別被遺產稅趁火打劫

結語 249

參考書目 251

第一章
存錢的能力

01 存錢力就是「以較低成本獲得相同滿足」

選擇，永遠不只一種

有些人可能覺得很納悶，明明自己根本沒有亂花錢，甚至還挺節省的，可是不知道為什麼，就是存不了錢。

會遇到這種情形，很有可能是因為沒有區分出「必要經費」、「更優經費」和「隱性浪費經費」。

舉例來說，在公司上班的丈夫和打零工的太太各自擁有一臺車。如果這對夫妻居住在地方城市（大都會圈以外的城市），車子是移動時所需的工具，所以家裡需要有兩臺車，亦即車子在此可視為「必要經費」。

但由於這兩臺車並非都得是轎車（小客車）才行，所以組合上也可以是兩臺輕型車[6]，或其中一臺是機車。

另外，像是加保小孩的學資保險[7]，其實本可以用儲蓄來取代，但因為你覺得加保更有利，所以這項支出該視為「更優經費」。

然後像在盂蘭盆節[8]時回老家，或是在黃金週[9]時安排出遊等，都有可能得付出較高的金額，這些在沒有注意的情況下所支出的高成本，則為「隱性浪費經費」。

「大家都這麼做」、「反正就是這麼一回事」，因為我們會在不知不覺中受到先入為主的觀念所影響進而採取行動，所以才會一不小心就把錢給花掉了。

例如要從東京到大阪，可以有搭飛機、乘坐新幹線、自行開車或騎機車等移動方式。

若選擇搭飛機，可以從羽田機場搭直飛大阪的飛機，也可以先飛到新潟，再從那轉機到大阪。或是先開車到福島，再從當地轉搭飛機前往大阪。

---

6 即「輕自動車」，在日本指長三．四公尺以下、寬一．四八公尺以下、高二．〇公尺以下，且總排氣量在六百六十cc以下之小型都市車款。

7 學資保險（学資保険）是日本一種能在孩子入學等重要人生節點時，獲得「禮金」的保險。孩子的父母是要保人，孩子是被保人和保險金的領取人。一般來說，學資保險的期限到孩子高中畢業為止。在學資保險期間，若父母（要保人）身故，剩餘未付完的保險金可免除。

8 日本的「盂蘭盆節」是每年八月中（部分地區在七月中）的一段連續假期，習俗上多會回老家祭祖。

9 日本的黃金週指的是從每年四月底至五月初由一連串假期所組成的連續假期。

每件事情，一定都有兩種以上的選擇。

因此，下次要付錢時別急著掏錢，給自己片刻時間，思考一下「是否還有其他選項」。

別做無謂的節省，重點是「滿足」！

「存錢的能力」和「無謂（缺乏目的性）的節省」是不同的兩件事，「存錢的能力」追求的是「以低成本達成高滿足度的選項」。

「若能獲得同樣的滿足度和效果，那當然要選便宜的。」

「不是挑選想要的，而是挑選需要的東西。」

「支出的比重，要從『物』往『事』移動。」↓這部分會在第四章中說明。

如果能養成上述幾個習慣，就不會有自己是在「為省而省」的感覺了。我們要追求的，是在沒有壓力的情況下，達到存錢這個目標。

或許有人會問，這麼做和「節省」有什麼不一樣呢？**兩者的差異在於，前者追求的不是去降低生活水準，而是以更高的滿足度和效果為優先，然後以低成本的方式來加以實現。**

因此，我不會去否定購買高價商品這種事，就算在別人的眼中，我所做的行為會被視為浪費，但只要對自己來說，這是屬於有投資效果的經費支出，我就會毫不猶豫地出手。

簡言之，**能獲得的利益－費用＝滿足度**。

要去做能讓滿足度極大化的選擇，並依此來採取行動。

對了，「費用」所指的不只是需要支付的錢，還包含時間和勞力在內。

為了一顆便宜十日圓的雞蛋，花一個小時到隔壁鎮上購買，若不是時間多到不知道該怎麼用的人，應該怎麼算也不值得吧。

自己的「時薪」不可不知

前面提到了**「值不值得」這件事，至於如何判斷，你可以用「自己的時薪」來做為衡量的基準**。

舉例來說，如果某人含稅在內的月收入為四十萬日圓，那麼把這筆收入除以一個月的工時（用二十天乘以八小時計），也就是四十萬除以一百六十小時，就會得到兩千五百日圓這個數字。當然，實際上因為還有獎金和有薪假，所以嚴格來說，得到的數字會略有差異，但這裡不妨算個大概就好了[10]。

經過這一番計算後我們知道，如果花一個小時的時間，能得到降低兩千五百日圓以上成本的效果，那麼大體來說，這就是個有效的選擇。

因為一分鐘＝四十二日元，所以超市的特價傳單與其詳閱，撇一眼後立刻做決定，反而是比較合理的做法。

利用這種計算方法，我們還能為是否該自己動手（DIY）做出判斷。

舉例來說，遇到汽車爆胎時，我們得換上備用輪胎。如果是請JAF（日本自動車連盟，有提供道路救援服務）來幫忙處理，要花上一萬日圓；那麼，只要能在四小時內自己搞定的話，自己動手就比較划算（而且一般來說，根本用不到半小時）。

試著來算出自己的時薪吧！

你的月收入		÷	你每個月的工作時數	
＿＿＿	元	÷	＿＿＿	小時

你的時薪

＝ ＿＿＿ 元

結果是多少呢？

只用薪水過生活，獎金請分文不動

幾乎所有的日本企業，都會把員工的獎金與其業績掛鉤，加以連動調整。

因此，若把獎金視為可自由支配的收入，以此為前提來規劃生活，是一種高風險的行為。所以我建議，**不妨忽略掉獎金這項收入，當作原本就沒有這筆錢，來設計自己的生活**。

請試著只靠月薪來規劃自己的生活支出。

如此一來，因為獎金已完全被視為額外的臨時收入，所以可以用這筆錢來練習投資或花費在自己身上，就算花光了也沒有關係。

帳戶用途「系統化」，幫你存到頭期款

為了預防自己亂花錢，或希望能在沒有壓力的情況下能存點錢，有一種做法，是為自己準備不同目的的銀行帳戶。

舉例來說，你可以分別有一個用來存錢和用來投資的帳戶，只要月薪一匯到薪水帳戶，

---

10 以臺灣情況為例，假設月薪三萬元新臺幣，每月工作二十二天，每天上班八小時，則時薪約為一百七十元，每分鐘約二．八元。

就會有一定額度的錢自動轉到存錢和用來投資的帳戶中。這麼做之後，雖然只能靠剩下的薪水來過生活，但也自動幫自己存了錢。

雖然有點麻煩，**但這件事還需你到銀行辦理相關的手續後，才能使其「系統化」**。花一次午休的時間來完成，絕對值回票價。

筆者也是靠這個方法，存到了買房的頭期款。

面子就是成本

「和對方做比較，希望自己看起來能比他更厲害」這種想法，也是影響我們消費行為的一個主要原因。

之前在我換新車不久後，就發現隔壁鄰居也換車了，接著鄰居的鄰居也換了車。我覺得這未免也太巧了吧，然後問了身邊的人才知道，原來這種情形並非偶然，而是常有的事。

前些日子，我從一位正在帶孩子的女性編輯那聽到這樣的事：那些頭一次帶著孩子在高級地段的公園裡亮相的媽媽們，最在意的，竟然是嬰兒車的品牌。

正如「面子就是成本」這句話所指出的，「因為想要被其他人或異性另眼相待，和其他人做比較時，總希望自己看起來比較厲害」，這種想法會形成強烈的情結[11]，使自己把錢過度地花在打點外表上。

儘管有些人能透過美容整形來解決自己心裡的情結，進而改變人生。但如果打從一開始就不去在意這些事情，不就沒有煩惱也毋需花錢了，不是嗎？

雖然完全不理睬周圍的目光也有問題，**但若能不去在意異性怎麼看自己、不再和其他人做比較的話，確實能省下不少沒有必要的支出。**

打造低成本體質

體驗過極度貧困的生活，這個經歷對打造低成本體質是有幫助的。

我在前面說過，缺乏目的性的節省只會招致貧窮，不是一個值得推薦的方法。但若是以「為了改善體質所做的訓練」為目的，在一段特定時間內過著拮据的生活，確實能帶來意外的效果。

我為了存下購買投資用不動產物件的頭期款，曾有一年的時間，都過著超級節約的生活，

---

11 Complex，心理學術語，泛指心理狀態中強烈而無意識的衝動。

薪水的三分之二都轉到另一個帳戶存起來，公司發的獎金也分毫未動。

本來我有兩臺車，此時賣掉了其中一輛，留在身邊的那臺則透過比價網站，找到費用較便宜的汽車保險。信用卡換成不用繳年費的類型，午餐的平均花費更降至三百五十日圓[12]。期間完全不購買新衣，衣服都穿既有的而已。

這一段生活經驗，讓我學習到以下幾件事：

- **過去我把錢花在了無關緊要的事情上。**
- **就算是相同品質的商品或服務，只要肯花時間，就能找到許多便宜的選項。**
- **有些東西就算減少了支付金額，也不影響滿意度。**
- **許多東西即便不再擁有，自己也不會太在意。**

相信大家都有過這樣的經驗：在高速公路上行駛一段時間後下到一般道路，覺得車子時速剩六十公里，好像有點慢，可是駕駛起來卻挺輕鬆的。

讓自己持續過上一段拮据的省錢生活，和上述的例子是相通的，這個經驗會像吃中藥一樣，慢慢發揮出效果。之後在普通生活中，我們會於無意識間分辨出哪些東西是必要的、哪些是無用的，進而鍛鍊出低成本體質。

從這層意義上來看，當孩子們上大學後僅提供他們最低限度的生活費，故意讓他們體驗拮据的生活，其實具有教育上的意義。

這麼做能讓孩子了解沒有錢的不便之處，讓他們懂得感謝父母、對工作賺錢這件事充滿敬意、學會控制自己的欲望，以及規劃金錢的使用方式。

把固定費用化為變動費用

想要幫家庭的收支（以下稱家計）瘦身，首先要做的是將其「可視化」。

簡言之就是，首先詳細列出我們到底在什麼事項上，花了多少錢。接著是排列出先後順序，區分出什麼是真正需要的，什麼是在此之外的。以上這兩點大概是最常聽到的做法。

家計中的「變動費用」，亦即付款時間和頻率並不固定的支出，有許多只要忍耐一下就可以省下來的地方，例如外食和買衣服的花費等。

12 據日本新生銀行二〇二一年的調查，男性上班族平均午餐費約六百四十九日圓，女性上班族約五百九十日圓。

比較棘手的是已經決定好的「固定費用」。

最具代表性的固定費用有人壽保險費、教育費以及居住費。

舉例來說，就算是公司的經營者，如果有許多需要支付的固定費用（房貸、租賃費和員工薪水等）的話，在業績好的時候沒有問題，一旦業績變差了，負擔就會變得很重。

因此想創業的話，我會建議先從固定費用支出較少的商業模式開始，在能獲得穩定的收益之前，最好都不要進行大規模的設備投資。

為了降低因公司收入的變動所造成的資金調控風險，可以透過挑選租金較便宜的辦公室、只聘請少數員工並盡量把工作外包，以及避免產生租賃費用和貸款等方式，來解決這樣的問題。

和家計一樣，我們可以努力削減固定費用，盡量不使其增加。

生活中的固定費用如果很多，會讓我們變得不容易去應付收入的變動，以及生活環境的變化。因此，若能壓縮固定費用或將其轉為變動費用的話，情況就能有所改善。

02 壽險不是必需品

與其「預防萬一」，不如直接儲蓄

一般認為，人壽保險（以下稱壽險）是僅次於不動產的一大支出，會占據家計中一大部分的固定費用。

舉例來說，如果一個月要支付一萬日圓，一年就是十二萬。三十年的話，就是三百六十萬。要是一個月得支付兩萬日圓，三十年則為七百二十萬；一個月得支付三萬日圓的話，三十年則為一千零八十萬。

雖然從每個月的支出額度來看，這筆錢好像並不多，或許有些人並不在意，但保險費用的總額，卻會在不知不覺中膨脹起來。

許多日本人並不知道，只要有繳納國民年金或厚生年金（類似臺灣的勞保），在一定條件下，是可以領取遺族基礎年金或遺族厚生年金的[13]。

有些人甚至不清楚，日本的國民健康保險，其實能相當程度地幫忙負擔治療費用較高的先進醫療支出。

因此重要的是，首先應該仔細收集上述這些資訊。之後才來思考「自己真正需要的壽險額度是多少，以及什麼時候投保、要花多少錢」的問題。

不要「總之先保再說啦」，**而是以「先以儲蓄來應對，不夠的部分才靠保險來補足」**當作行事的原則。

買壽險，和賭博沒兩樣？

壽險這種保險，投保後能在「要是自己有個萬一，生活遭遇到困難的時候」，領到事前設定的保障金額。

那麼，「要是自己有個萬一，生活會遭遇到困難的時候」，又是何時呢？

對大部分的人來說，應該是孩子還小、配偶不太能出外工作的時期吧。換句話說，就是孩子從小孩到成人為止的二十年間。

因此，如果你還沒結婚，即使自己出了什麼意外，也沒有人會因此產生經濟上的困難，所以幾乎沒有購買壽險的必要。除此之外，若另一半也在工作的話，那麼投保壽險的必要性也會隨之降低。

根據厚生勞動省[14]於二〇〇五年公布的「生命表」[15]所示，三十歲的日本男性能活到六十歲的概率為百分之九十一點五。也就是說，每一百位三十歲的日本男性中，有九十一人都能活到六十歲。

從統計上的數字來看，「真正需要有保障的時期（孩子到成人為止），什麼意外也不會發生的可能性，其實遠高於意外會發生的機率」，因此購買壽險對一般人來說，幾乎可以說是一筆虧錢的生意。

想當然耳，保險公司會根據幾十年累積下來的資料，經過概率的計算，設計出一套能讓公司賺錢的系統，讓投保者幾乎都是輸家。

日本社會存在「為自己買保險，是一家之主理應做的事」這樣的想法，然而這其實是保

---

13 本段旨在說明國家的社會保險制度均有提供遺屬給付，是否還需另保壽險，其實因人而異。與日本國民年金、厚生年金相同，臺灣的國民年金與勞保也都有提供遺屬給付。
14 日本中央行政機關，掌管社會福利、公共衛生與勞動權益等事項，相當於臺灣衛福部與勞動部的結合。
15 用以了解國民平均壽命水準之統計資料，在臺灣由內政部統計處負責歸納計算。

險公司為了市場行銷，所創造出來的「常識」。

我認為，人們應該試著從「對家人的愛」這種道德感，以及「結婚後就要加入壽險」等先入為主的觀念中脫離出來。

別急著解約！風險管理評估有必要

現實生活中，我曾從認識的人那兒聽過這樣的事：一位女子的丈夫在投保壽險兩個月之後過世了，多虧這個保險，才幫她度過了難關。

日本前首相小泉純一郎也曾引用過這樣一句話：「人生中總會遇到三種坡道：上坡道、下坡道，以及『萬萬沒想到』。」

這個「萬萬沒想到」到底會不會發生，沒有人能說得準。

如果在「萬萬沒想到」發生時，有事前先做好應對的準備，就可算是做好風險管理，此時使用保險就有其意義，於理也說得通。

如果是已經投保的人，可以試著精算一下需要有保險的時期以及所需的金額，然後解除沒有必要的特約項目。

所需的金額指的是，**孩子到成人為止會用到的生活費和學費，這筆支出需要大約三千萬**

到五千萬日圓[16]（約等同七百三十萬至一千兩百萬新臺幣）。只要孩子的人數增加，負擔也會加重。

但以上我所說的這些，是以配偶不會再婚為前提的情況。如果你不幸身故，配偶會考慮再婚的話，那麼保障額度也要做改變。

有住房貸款的人，通常會選擇加入「團體信用生命保險」[17]。因為這也可以視作壽險的一種，因此如果還要另外投保的話，保障額度可以不用設得太高。

當然，下定決心把保險解約掉也是可以的，只是中途解除合約的話，就算能拿回部分的退款，恐怕也是所剩無幾。

如果目前你已經買壽險了，不妨先以繼續下去為前提來審視保單內容；如果還是覺得這麼做只是在浪費錢的話，再來考慮進一步解約。

---

16 根據知名理財作家艾蜜莉於二〇一六年的估算，在臺灣撫養一個小孩，從出生到大學，最儉省的情況下約需二百零二萬新臺幣，好一點則需近五百萬甚至更高。

17 類似臺灣的房貸型壽險，當負責支付房貸的被保人因意外狀況無力支付房貸時，將由保險公司代為支付房貸。

不買壽險也活得好好的人

反過來說，這個世界上也是有不買壽險也活得好好的人。大家認為，這種人會是怎麼樣的人呢？

他們就是懷抱「我才不會簡簡單單就翹辮子呢」這種信念的人。

像這樣的人，不買保險也沒關係。

不會在小事上糾結，為了活下去努力奮鬥的人，是不會輕易死掉的（反之，神經兮兮的人好像比較短命）。

事實上，社會中還是有菸不離手、大口吃肉，過了九十歲依然精神奕奕的歐巴桑存在，從這裡我們可以知道，**比起保險費，壓力管理更重要**。

保險是為了「萬一」時所準備的安心錢，有人把萬一的發生機率看得很高，當然也有人不這樣認為。對安心錢多寡的認知，每個人都不一樣。

但當人們被問到「要是『萬一』真的發生了該怎麼辦」時，卻很難得到一個明確的答案。

正因如此，人們才會在陷入停止思考的狀態下，不假思索地去買保險。

當然，也有人是才剛買了保險就發現自己罹癌，結果獲得一筆兩百萬日圓的保險金。對這樣的人來說，他們肯定會認為「大家還是要買保險比較好喔」。

每個人都有自己的「主觀」想法。

需不需要保險是一種「主觀」的認知。本書的內容，說到底也是我個人「主觀」的陳述。

但在**「主觀」背後，還是需要有明確的「依據」來做支撐才行**。

因此，也應該存在「我不買任何保險，而是用儲蓄作為替代」這種選項才對。這麼做的話，保費既不會占用到家計的支出，我們還能把這筆錢運用在滿足度更高的事情上。

03 孩子的教育沒必要砸大錢

父母對成功的追求，就是最好的教育

有些父母會在孩子的補習費和私立學校的學費上一擲千金，這些人經常會毫不考慮就購買無法領出來使用的「學資保險」，藉由這種方法來存下孩子們的學費。

然而比起孩子們的學費，父母本身為了自我成長，把錢用在自己身上，其實是更有效的做法。**因為只要父母能成功，讓孩子們看著自己的背影成長，就能帶來更好的教育效果。**

如果你希望自己的孩子能夠成功，首先就應該努力「讓為人父母的自己成功」才對。孩子們會看著父母是如何靠自己的力量來開拓人生，他們會看著你那努力克服逆境的身影，進而成長起來。

孩子們看到父母親努力的背影之後，「靠自己的力量來開拓人生」的樂趣以及重要性，就會在他們的潛意識裡萌芽。

給爸爸的零用錢，應該多一點

據說當家庭的收支緊縮時，頭一個被刪減的通常是爸爸的零用錢，關於這件事我們可以來做個逆向思考。

或許爸爸每個月有三萬日圓的零用錢額度，但如果這三萬塊也包含自我投資用的錢，那可就不行了。就算減少孩子們的零用錢，也要讓爸爸有足夠的錢，能花在自我投資上。

哪怕得犧牲孩子的補習費，也要讓爸爸買書或筆電。如果經濟上有能力給孩子買手機，不如把這筆錢拿來付爸爸的商務課程學費。

如果買了房子，首先要確定下來的應該是爸爸的書房。就算孩子的房間小了點，也要以爸爸的書房為優先，打造一個可以讓他集中精神努力學習的空間。這麼做的話，可以讓爸爸精進其職場技能，如此一來在公司裡就比較容易獲得升遷的機會，成為能賺更多錢的人。而讓孩子看著爸爸努力的身影，就是最好的教育。因此和孩子相比，對爸爸的投資應該更優先。

當然筆者也了解做父母的那種疼愛小孩，甚至就算委屈自己，也要為孩子們做點什麼的天下父母心。我並沒有要否定這種價值觀的意思。

我希望各位能試著改變自己的想法，如果真的想在孩子的教育上花錢的話，**也不應該削減對爸爸的投資。因為只有讓爸爸變得比現在更會賺錢，才能把家計這塊餅給做大。**

你的話語，形塑了孩子的世界觀

「家裡沒錢，忍耐點啦」、「不要亂花錢，存起來」、「你不可能做到」……。

父母貧乏的觀念以及寒酸的生活型態會影響到自己的小孩，在雙親的「耳濡目染」之下，孩子日後也會變得和他們爸媽一個樣。

由此可知，**階層和經濟上的差距其實並非源自學校教育，而是透過父母親的思考模式，以及他們對孩子所說的話所塑造出來的**。

因此我們做父母的一定要特別注意，自己對孩子說話時的選詞用字才行。而所謂零成本的教育投資，就是父母對孩子們所說的話。

為何語言如此重要呢？因為人類是會藉由語言採取行動、靠著語言來改變世界的生物。

成功人士所使用的語言和非成功人士所使

父母說的話會對孩子產生影響

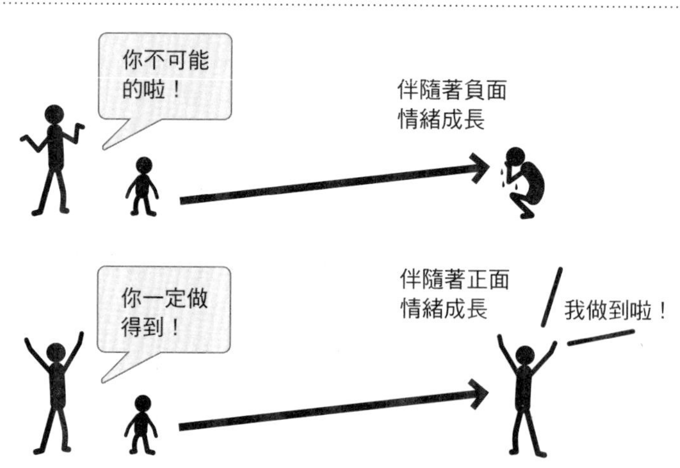

用的語言，差異非常大。

會說出「這是不可能」的人，無法改變現狀；會說出「這樣太不現實了」的人，是不可能去採取行動的。

反之，如果把「我一定會贏！」當成口頭禪的話，就能提高自己的勝率。若是把「不論千辛萬苦，也要達成目標」反覆掛在嘴邊，一定能幫助你心想事成。

同樣的，把「因為沒錢，所以沒辦法」、「你不可能的啦，放棄吧」當成口頭禪的父母，和把「想想看，該怎麼做才能達成」、「如果你是認真的就要做給我看，就算失敗了也沒關係」掛在嘴邊的父母，他們對孩子所帶來的影響，會多麼不一樣。

正如有人指出，小時候遭到雙親虐待的孩子，在長大成為父母之後，也會有虐待孩子的傾向一樣，父母親的思考和行為特性，會深深地影響自己的孩子。

因此與其和孩子說「快去學習」、「取得好成績，給我考上好學校」，**還不如把錢花在打造一個可以培養孩子靠自己的力量來拓展人生的環境。**

04 重新審視最大成本──居住費用

到底要買房還是租房？

要買房還是租房的討論，因為牽涉到每個人的價值判斷，所以無法斷定哪種選擇較佳。這一節筆者想從「金錢的才能」這個視角出發，以經濟合理性對這個議題來做一番思考。要把房子當作具有經濟價值的不動產來思考的話，**首先得把「所有」和「利用」分開來看**。

因為在這個時代，人們已經不太可能一輩子都住在相同的地方了。我們可能會換工作，遭遇到自己任職的公司被併購，或公司大樓面臨拆遷、移轉等事情。

隨著孩子出生、上學、獨立等不同的人生階段，我們對房子的空間配置、大小以及地點的需求，也會有所改變。

人生之中，會有想住得離公司近一些，以便縮短通勤時間、把心力集中在工作上的時期。也會有想住在郊外的自然環境中，或者在國外養育孩子的時期。

一旦自己的喜好改變了，穿搭的風格也會改變。就像人們會配合TPO[18]來改變自己的服飾和髮型那樣。

事實上，既然**人生中的TPO都會改變**了，那麼還抱著「因為我住在那裡，交通上有困難」、「從家裡出發不太方便」之類的想法，只會讓自己受到居住環境的制約，限縮了生命中可能出現的選項。

為此，首先**我們要改變自己的認知，給「住處」一個新的意義：為了「最佳化」自己的經濟活動和生活風格，而必須積極去做選擇的東西**。

選擇租房就是選擇自由

為了讓自己能積極地挑選住處，最輕鬆的方式莫過於租屋了。

我有一位當老闆的朋友，他每個月會花數百萬日圓，來支付在六本木新城和東京中

---

18 TPO是Time（時間）、Place（地點）、Occasion（場合）這三個英文字，取第一個字母所形成的略語。有懂得依時間、地點、場合來行事的意思。

城[19] Residences的租屋費用。

為什麼他願意這麼做呢?因為他想替自己打造一個能集中精神來工作的環境。

若是買房子的話，還有需要辦理的手續，但租房的話，即刻就可以入住了。而且既不用出席管理委員會的會議，也省掉了支付固定資產稅的煩人事。要是公司的業績衰退了，那麼就換到租金較便宜的地方即可。

我的友人中，還有一位趁著孩子滿兩歲時，在長野縣[20]租了一棟獨棟房並移居到當地。因為他希望孩子到上小學為止，能在大自然中成長。為此他還離開公司，成為一名自雇者。

除了上述這些原因外，只要覺得房子的設備老舊不好用了，對租屋者而言，無須重新裝潢整修，搬個家問題就解決了。

要是住處附近有可疑人士出沒、治安不佳，或是因都市開發導致交通的便利性變差了，也能立即應對。

因此可以說，**選擇租屋就是「選擇自由」**。

把不動產變成有金流的資產

租屋的缺點，在於得繳納房租，應該有不少人覺得把錢拿來付房租挺可惜的吧。

話雖如此，也有很多人因為買了房子，反而限制了自己的行動範圍。

之所以會發生這種事情，是因為許多人都以「新屋」、「空間寬敞」、「自己買得起」以及「價格還算便宜」，做為購屋的條件。

我認為**購屋時，應該兼顧「資產形成」**[21]**與「移動自由」**，這樣最為理想。

重要的是去認清「不動產的根本價值」，然後才做選擇。

不動產的根本價值除了「住得舒服」外，還有「能高價租出去」及「可以賣個好價錢」。從結果來看，所謂具經濟價值的不動產，要的就是「收益性」和「變現性」這兩個條件而已。

「付房租很不划算，買房才會形成資產」，只因為房仲業者這樣一句話就被說動的人，對業者來說實在是絕佳的推銷對象。

另外，面對一些不去動腦思考的顧客時，使用像是「充滿綠意」、「適合孩子的成長」、「體面大氣」、「有品味」、「高品質」等抽象的詞彙，或「耐震」、「電氣化」、「外部隔熱」

19 兩處皆位於東京都港區，先後落成於二〇〇三與〇七年，是當時日本規模最大的兩個都市更新計畫，也是諸多企業總部的所在地。
20 日本重要農業縣分，縣內多有高山、盆地，被譽為「日本的屋脊」。
21 日語中的「資產形成」可理解為中文的「累積財富」。

等強調功能面的字詞，更能打動他們。

就算是價值很低的物件，只要使用些廣告的手法，就能輕易實現對高價的正當性訴求。以上這些，是只要站在賣方的立場來思考，就能立刻明白的事。

只要是地點條件良好，價格也與市場相符的物件，就算不用一堆話術來推銷，想買或想租的人仍會絡繹不絕。

然而如果一個物件缺乏資產價值的話，就只能用聽起來好像很棒的抽象形容詞，或該物件所具有的功能性來粉飾門面了。

當然，若這些物件能「高價租出去」或「賣個好價格」的話，還可以另當別論，然而事與願違的例子卻相當多。

地段好壞，比房子本身更重要

那麼什麼樣的物件能「高價租出去」或「賣個好價格」呢？先決條件，是得有「願意出高價來租屋」以及「願意出高價來購屋」的人才行，亦即物件需要位於具有人氣的地段上。

不論是能高價租出或售出，成立的條件都必須是「這裡是高收入者想住，或已經在這裡生活的地區」。如果物件沒有位在租金和買賣金額都高的優質地段，那麼談什麼資產價值都只是空話而已。

正因如此，**你要了解，比起挑選物件更優先的，應該是挑選地段**。

之所以這麼說是因為，當你在今後將走向衰退的地段買了一棟優質的房子時，就已經預告了不會有人來向你租屋或買房的。

在沒有發展前景的地區購屋的話，不但房子的資產價值會減少，還得背負風險，可能付出了數千萬日圓，卻只換來一堆不值一文的水泥。

有歷史且都市機能完備的，才是好地段

這裡讓我們來看看街區形成的歷史，以及有哪些人在那裡生活吧。

以東京為例，提到高收入者所聚集的地區，最有名的當屬惠比壽、代官山、麻布、六本木、中目黑、青山、神宮前、番町等地。偏郊區的則有二子玉川、自由之丘、田園調布等地。

這幾個地方的共通點在於，不只聚集了充滿多樣性的年輕族群，已組成家庭的人也能安居於此，是兼容並蓄又成熟的區域，因而能成為人人都嚮往的生活空間。

正因為符合了離職場近、飲食和購物方便（到折扣商店買東西，在上述地方不算是「購物」），在生育、養小孩、醫療、教育、文化、遊憩等所有領域，都能提供高水準的都市機能，

所以有錢人才會趨之若鶩。

從教育的面向來看，如果房子買在學習風氣不佳的地區，可能會對孩子的升學產生負面影響。若因此打算送孩子去上私立學校的話，又得增加一筆開銷。

如果是初到一個新的地方，不妨先租房子，在當地住上一段時間，等確定了該地的環境是否能住得舒服後，再來考慮買房會比較合適。

這裡要再強調一次，買不動產就等於「買一個生活圈」。如果你想活用不動產這項資產的經濟價值的話，就要把房子買在租金和價格都高，也就是高收入的人喜歡的地區才行。

雖然很貴是理所當然的現實，但考慮中古屋也是一個可行的選項。

與其買新房，不如挑中古屋

新公寓和新車一樣，只要有人入住，價格瞬間就會掉了一成左右。原因在於，新房子會把地產開發商的利益也算進去，而中古屋則沒有這項費用。也就是說，要價三千萬日圓的公寓，一入住就相當於瞬間損失三百萬日圓的本金。

如果是金融商品發生連本金都賠掉的事情，肯定會引起軒然大波。然而手頭上的不動產就算價格暴跌，我們卻能老神在在，原因在於我們用眼睛看不到損失。

如果想避免資產價值的損失，那麼中古屋是比較合適的選擇。

買中古屋然後再自己裝修，所花的費用會比買新屋便宜二到三成。當然購屋前還是得先確定，想買的物件是否符合昭和五十六年（一九八一年）以後制定的「新耐震基準」[22]、管理委員會是否有在運作，以及管理費[23]是否有合理的積累。就算在東京都的中心地區，其實還是有不少價格合理的中古屋。

「想買漂亮的新屋」、「想買大房子」，會以這些理由來挑選房子的只有兩種人，一是有錢人，一是與資產價值無緣的人。

有房之後，應該思考的資產重組

想要知道自己家的資產價值其實很簡單。

只要到附近的不動產公司諮詢「我家現在要賣的話，能賣多少錢」、「我家想要租給人

22 日本舊時耐震基準，要求建築物能承受震度五級地震而不倒塌損壞，與臺灣現行法規相同；新耐震基準則更為嚴格，要求要能承受震度六至七級的強震。
23 此處的「管理費」，日文漢字作「修繕積立金」，指的是公寓大廈整體的大規模建築物修繕和維護工程，例如大樓外牆清洗、建築鋼筋或外壁磁磚補強等，所需花費的金額。

的話，能租多少錢」就可以了。

不動產本身其實並非資產，唯有當它能產生金錢利益時才能稱之為資產。

在日本，有「土地傳不過三代」一說，因為日本的遺產稅很重，有的人因為不肯脫手祖先們傳下來的土地，而選擇在自家裡輕生。

我認為日本因人口減少加上景氣低迷，將會出現大量的中古屋流向市場。而原本住在郊區的人，會因追求便利的生活，而往東京都的中心集中。

也就是說，那些受歡迎的地區雖然可能會遭遇一時的低迷，但仍會重新站起來。只要所在的位置好，就算房子舊了一點，還是能維持一個好的價格。

相反的，那些位在郊區的物件，價格卻仍有進一步下跌的可能性。

對已經有房子的人來說，可以試著分辨「不動產」和「資產」的差異，賣掉沒有辦法生財的房子，購買可以賺錢的物件，藉此來達成資產的重組。

活用自己的房子來累積資產

還有一種方法是，利用自己的房子來累積資產。做法是不要只申請一次房貸，而是去活用多次房貸所能產生的好處。

舉例來說，如果是一個人生活的話，可以藉由房貸來購買套房或1LDK房[24]。結婚之後，可以把先前購買的房子租出去，再申請一筆新的房貸，來買2LDK房。如果夫妻都工作的話，首先考慮的就是買2LDK房。等到孩子出生後，把這間房子租出去，再申請一筆房貸買一間3LDK房。

當然在這樣的操作過程中，記得一定要**選擇能對「房租－還房貸－其他開銷」這條資金鏈帶來正面循環效果的房子才行**。

如此一來，就能從第一間買的房子那裡獲得現金流，並用這筆錢來還第二間房子的房貸。換句話說，即是用較小的負擔成為兩間房子的主人。有的人就是利用這種方法，買下三間房子的。

其中甚至還有高手，善用工作上經常輪調各地的機會，而在東京、大阪、福岡、名古屋等地都有置產，而且還將各地的房子全部都租出去了。

只要還完房貸，第一間房子的租金就能完全收進自己的口袋，因為已經沒有其他要支付

24 1LDK指該房有一間臥室（1），附帶客廳（L）、餐廳（D）和廚房（K），意近「一房兩廳」。

的費用了，所以還能用來規劃自己的老年生活。

當然，房貸是為了購買自己的棲身之處所申請的貸款，所以申請人在一定期間內，還是得住在用貸款所購置的房子裡才行[25]。

此外，依據申請人的年收入以及金融資產的數量，能借得的房貸金額也不相同。因此還是得跑一趟不動產公司和銀行，實際和他們商量過才知道結果。

留意租屋淡旺季，有效降低成本

在外租屋的人如果覺得目前的房租太高的話，可以靠「搬家」來減低自己的負擔。

與其住在離急行列車[26]停靠車站徒步距離十分鐘的地方，不如選擇離普通列車停靠車站徒步距離三分鐘的地方，如此一來碰到雨天也輕鬆。

搬家要選在淡季！

住在離東京都心較近的車站附近，就算搭上電車也沒位子坐，但如果搬到列車始發站附近的話，上班搭電車則一定有位子坐，還能利用通勤時間看看書。

如果是住在地方城市，因為開車上班是比較普遍的做法，所以在考慮居住的地方時，得把房租、停車費、汽油費加總在一起後來做考量。

或許有人會表示「你說的話是沒錯，但搬家也會產生成本啊」。

這裡就要告訴大家，**要搬家的話就要選夏天**[27]。

原因無他，因為費用比較便宜。

每年在黃金週過了以後，租屋的人就減少了，對手上有房子還沒租出去的房東來說，因為收不到租金，所以心裡會開始焦慮起來。此時為了讓房子能早點租出去，房東們是願意談條件的。

前些日子，我幫一位客人找到一間房子，原本的條件是：房租每月十二萬八千日圓，

25 日本的房屋貸款有自住用與投資用之分，視情況有相應的規定需要遵守。
26 急行、快速、普通為日本電車的等級，約可對應於台灣的自強、莒光和區間車。
27 夏天是日本租屋淡季，但臺灣與日本的狀況不同，租屋淡季約在農曆年前；農曆年後與畢業季（暑假）則是租屋旺季。

禮金[28]和押金皆要兩個月的房租。但經過一番交涉，最後以禮金半個月、押金一個月，月租十二萬日圓成交。

另外，因為夏天平日的搬家費用和其他的日子相比便宜許多，值得向公司請個有薪假，來處理搬家這件事。

在租屋淡季的時候和房東殺價比較容易成功，反正只是出張嘴也不花錢，就算最後不成功也沒有損失。總之，試了再說。

28 禮金是日本房屋租賃時的獨特慣例，即支付給房東作為謝禮的費用。

05 別和大家一樣，要做聰明的選擇

高價品或高級品，找價值鏈上游購買

買東西時，我們不妨試著去了解一下價值鏈（Value Chain）的架構。

價值鏈指的是「附加價值」的連鎖過程。

舉例來說，就像「原材料調度→製造→物流→店頭銷售」這樣的流程。

一般而言，越是在價值鏈下游的地方，因為附加價值會一點一點往上加，所以價格就會變得比較高。另外，只要和價值鏈有關係的人數越多，價格也會變貴。

因此，**若想要買到便宜的東西，要不就得在價值鏈的上游買，要不就要在和價值鏈有關的人較少的地方買，兩者都要跳過價值鏈的中間部位。**

這種做法在購買高級品時，尤其能看到立竿見影的效果。

舉例來說，結婚禮服與其向禮服店租用，購買由韓國或中國生產的還比較便宜。因為兩地的人事成本較低，所以同樣是高品質的商品，卻會以低價格售出。

像戒指這種珠寶類的商品，直接和個體的珠寶設計師下單也會便宜許多。訂製西裝也是，與其在百貨公司買，和獨立經營的業者下訂，因為可以省下店鋪費用等成本，所以只要花百貨公司三分之二的金額，即可買到品質相同的西裝。

現在這個時代，連墓碑都可以在網路上購買。藉由直接跳過批發商的做法，達成低價購買的可能。如果想要裝修房子的話，與其去找大公司，直接找在地的業者來做，價格會比較便宜，原因在於不用支付給承包商（大公司）的手續費。

筆者想說的是，我們要對一個「東西」是藉由什麼管道，輾轉經過了多少人之後，才送達自己的手上這件事，抱持著求知的興趣。

選擇簡單的價值鏈來買東西！

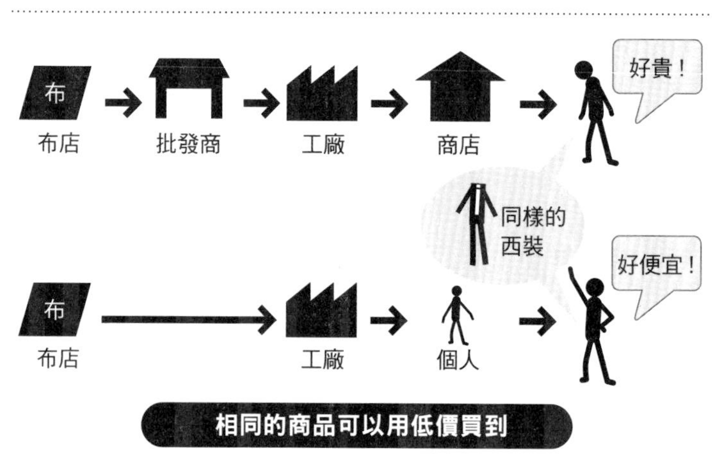

如此一來，大家就能越過價值鏈的中游，買到價格低廉的東西囉！

提高生活中的「租借係數」

試著改變自己的認知，對於那些昂貴或使用頻率不高的東西，與其擁有它們，不如用租借的吧！

購買的東西總有一天會變舊，但如果是租借的話，則可以一直用新的。

派對禮服和高級包包可以租用，就連寵物也可以用借的。如果家裡難得來了客人，可以去租一套高級的餐具來待客。露營或滑雪要是久久才會去一次，那麼相關用品用租借的就夠了。這麼做和借錢（申請房貸）來投資不動產是一樣的道理。

有的人買了跑車，卻也「收穫」了家人不滿的情緒，但如果是租用的話，應該就不會有問題了。

租用除了能降低成本，最大的好處還在於能獲得「心靈的自由」。

舉例來說，如果不買房而是租屋的話，就不會被綁在一個地方，可以自由地移動。如果不購買露營用品而是用借的話，就可以空出家裡用來收納這些東西的空間。不買車而是租車的話，就不必去做洗車、保養、付牌照稅和更新保險等令人感到厭煩的事情了。

人力派遣可視為勞動力的租用，企業可以利用這項服務，來降低人事費用的成本，換取更大的發展空間。

希望我們每一個人，都能嘗試在自己的日常生活中，加入更多「租用」的概念。

從商品和服務中，解讀企業的市場戰略

行為經濟學曾經證實，假設今天有松、竹、梅[29]三個選項，大多數的人都會選擇「竹」。這就像是餐廳推出兩款商業午餐，A餐要價八百五十日圓，B餐則為七百五十日圓，這時大部分的客人會選B餐，所以餐廳業績不會有所成長。如果在A餐之上，另外設定一個要價一千日圓的豪華午餐的話，那麼選A餐的人就會增加，業績也會成長，如此一來就達到行銷的策略了。

手機的月費組合也一樣，電信業者常會把其他方案都弄得很複雜難懂，藉此把顧客引導至對業者來說最有利的方案。此時，**心裡覺得「好麻煩喔，那就這個方案好了」的消費者，就會成為典型的冤大頭**。

由此可知，不願意動腦思考的代價，就是得付較多的錢。

許多聰明人都在拚命思考，怎麼樣才能透過商品或服務，從消費者身上多榨出一滴油水

來。買方如果不小心謹慎的話，就很容易掉進對方設下的陷阱，簽下對自己不利的合約。

因此，**我們應該要學會思考，如何從那些看起來充滿魅力的商品和服務背後，解讀出企業們在打什麼如意算盤**。

一旦發現「原來他們是這樣想的」之後，接下來就要冷靜分析，這個商品或服務是否是自己所需。去思考企業的市場行銷策略後，你將會發現，原來這社會上充斥著一大堆其實沒什麼意義的商品和服務。

「不動腦思考，被人騙到老」，讓我們把這句話掛在嘴邊，相互提醒吧。

用計程車取代家用車

許多人都知道，車子是一個錢坑。除了買車的那筆錢之外，停車費、油錢、車險、保養費和牌照稅等，每一筆都是支出啊！

因此目前住在都市裡的人，越來越多傾向於不買車，而是利用租車或分時（Time Share）

---

29 日本餐廳常以松竹梅作為餐點等級的劃分，價格上通常以松最高、竹居中、梅最低。

的方式，來解決用車的問題。但考慮到需要預約、前往取車、還車前要加滿油、最後還得到定點還車，實在是很麻煩。

如果是這樣的話，其實用計程車來取代自家車也不失為一種辦法。**要搭計程車時，只要招個手即可，還能在想停下來的地方下車**。既不用自己去找停車場，小酌幾杯也沒有關係。

或許有些人會覺得搭計程車所費不貲，但就算每天花一千日圓搭一次計程車，一年下來也不過三十六萬五千日圓而已[30]。

正如有些年輕人把便利商店當成自家的冰箱那樣，把整天在街上跑的計程車當成自己出行的交通工具來自由使用，不也挺可行的嗎？

思考一下賣方在想些什麼

如果你想和店家殺價，希望藉此以較便宜的價格買到想要的商品，那麼**「每個月的最後一個星期天」**會是最佳的日期。

零售業和其他產業一樣，每個月都有要達成的業績。每一間店所設定的業績都不一樣，店長們為了達成目標，無不使出渾身解數。

因此，我們只要思考一下當店長的會怎麼想，就可以理解並預測到，他們在業績未達標時，其實是會願意降價出售來衝高業績的，如此一來，也才有殺價的可能。

可是為什麼「每個月的最後一個星期天」最容易殺價成功呢？這是因為平日來店的客人較少，所以店家會想靠週末來衝刺業績。

也就是說，因為每月最後一個星期日賺到的錢，在一定程度上會左右當月業績的達成度，所以在這一天，店家會比較容易接受客人的價格交涉。

看到這裡，或許有人會覺得這麼做很像在欺負人，但反過來也可以說，這麼做是在幫忙店家達成業績，不是嗎？因此請挺起胸膛，去爭取你想要的價格吧！

但要特別注意，如果是與時尚流行有關的折扣拍賣，直到最後一天才去光顧的話，好東西可是老早就會被搶購一空的喔。因此前述的做法，只適合用在像家電用品這類可量產單品的情況。

如同我在前面提到過的房租交涉，**只要我們養成「用賣方的視角來思考問題」的習慣，就能明白：只要採取什麼樣的行動，即可買到物美價廉的東西。**

30 以一般轎車為例，在日本的每年養車成本（稅金、保險、油錢、車檢與其他雜項）約五十至六十萬日圓左右。

和別人一樣，就得付出更高的代價

商場上要想賺到錢的其中一個原則，是得在「人潮聚集的地方」做生意。

一般來說，與其在人口稀少的鄉村開店，選在大都會的市中心展店較為理想。同理，這就好像既然要打廣告的話，選擇頁面瀏覽量（點擊量）較高的網頁做投放比較有效。

雖然對企業來說，人群聚集的地方比較容易賺到錢，但從消費者的立場來看，人多的地方卻往往需要付出更多的錢。

當我們看到某些企業賺得盆滿缽滿時，其實應該要懂得警惕，因為自己可能在不知不覺中，也幫該企業抬了轎子而不自知。

就算是個人的行動，只要和其他人一樣，就得支付較多的錢。

以旅行來當例子，遇到大家都出遊的時節，旅費和飯店的費用都會比平常貴。如果在晚上把車停在六本木的計時收費停車場，費用也比白天時高。

要是在搬家旺季的二、三月時開始搬家，不但費用較高，還很難和房東就禮金和房租來談價錢。

這樣的情形換成是時間也是一樣的。

連續假期時出門，在高速公路上肯定塞車，這時只能浪費大把時間苦等。每個月二十五日要使用ATM的話，就得排隊[31]。中午十二點才去吃飯，免不了要等上一段時間。

看到這裡想必各位已經明白，和其他人做相同的事，會造成什麼樣的損失了吧。因此我們不妨試著和願意動腦思考的人一起，採取不同的行動吧。

要去旅行，就選擇淡季的平日；晚上要去六本木，就搭計程車；搬家要選在夏天；不要在發薪日當天去銀行；午餐請避開中午十二點這段時間。

只要避免和其他人採取相同的行動，就能降低自己的生活成本以及時間上的損失。

別爲了紓壓而花錢

許多人只要心裡累積了壓力，就會以「去喝一杯」、「去購物」或「玩遊戲」等方式來紓解。星期五和同事們去喝酒順便發發牢騷，一拿到公司發的獎金就去買東西等，即屬於這樣的行為。長此以往會形成浪費，讓好不容易攢下來的錢，不一會兒又歸零了。

為了不讓這種事情發生，我們應該改變自己的想法，不要想著如何去紓壓，而是改為積

31 日本的發薪日多在每月二十五日。

極地去「解決」它，換句話說即是**消除壓力的源頭**。

因為如果不做改變的話，人們只會不斷重複去做那些能幫自己紓壓的行為，如此一來反而無法幫助自己，從精神和金錢面不健康的狀態中獲得解放。

我發現，自己身邊那些事業有成者，心裡幾乎都不會存著「要紓解壓力」這種想法。也就是說，他們找到了一種不會在日常和工作上累積壓力的生活方式。

當然，在社會生活中，要完全消除壓力的根源是很困難的事情，但我們可以試著思考看看，「什麼是自己壓力的根源」以及「該怎麼做，才能消除這種壓力」。

一般來說，許多壓力都源自於人際關係。如果因為別人的事情而讓自己心煩意亂，甚至還得自掏腰包來解決的話，這樣不是太划不來了嗎？

這裡想和大家分享作家大谷由里子[32]的一句名言，我很喜歡這句話：**「因為我想去做有自我存在價值的工作，所以沒有多餘的時間可以耗在別人讓我感到不悅的事情上。」**

32日本知名商業講師，曾於吉本興業擔任經紀人，成功行銷諸多藝人而聞名。

第二章

解讀資訊、掌握財富的能力

01 鍛鍊資訊意識，培養洞察力

別被資訊牽著走，要會借力使力

每當報紙或電視上出現有關「不景氣」的報導時，人們就會覺得「應該要少花點錢了」。但要是全日本一億人，都一人減少一萬日圓的消費，就會造成一兆日圓的內需蒸發。

在流行性感冒蔓延時，街上配戴口罩的人也會增加，許多人見到此景後就會趕緊去購買口罩。

只要電視上在報導有關狂牛症的事情時，來燒肉店消費的客人就會變少，但只要電視一不報導，生意馬上又恢復了。當一間公司推出了人氣商品後，該年度畢業的學生就會搶著想到該公司上班。只要通行費變便宜的消息一放出來，高速公路就會出現大塞車。

一有中國產的食品發生食安問題時，就連中國捕撈的魚貨也會滯銷，但明明海裡的生物來來去去，並沒有國境之別……。

以上這些人們所做出的行為，都是由「資訊」所引起的。

若要說我們的行為其實是受到資訊所左右的，可是一點也不為過。

但反過來說，**如果我們能仔細地分析這些資訊，並懂得順勢而為的話，則有可能為自己創造出有利的環境**。

煽動人心的預測，往往是謊言

想必各位應該對爆發於二〇〇八年秋天的金融海嘯，及其對日本汽車產業所造成的打擊，還記憶猶新吧。

在當時的電視新聞中，不斷出現減產、裁員和工廠關閉等字眼，後來甚至還引發了派遣制度的社會問題。

但是，請大家稍微**冷靜下來思考一下**。

或許眼前汽車的需求的確是減少了，但有可能會消失嗎？對生活在地方城市的人來說，汽車是不可或缺的代步工具，而且還是物流運輸的主要手段。

自己在開的車總會變舊，遲早有一天需要換新車。法人（運輸公司）的卡車或營業用車等，在達到一定的使用年限後，也必須重新購置新的車輛來做替換。

每一家汽車廠商現在雖然都透過減產來降低庫存所帶來的壓力，可是一旦沒有庫存後，會發生什麼事情呢？

當然是開始生產新車啦。這時新聞報導就會開始用「增產」這個字眼了。

事實上我們可以在新聞上看到，二〇〇九年八月時，美國和日本的汽車公司都已經開始增產了。豐田汽車的股價從二〇〇七年以後，一直維持在五千日圓上下，雖然在二〇〇八年秋季時，曾深跌至三千日圓，但到了二〇〇九年庫存調整結束之後，於該年八月股價已回到四千日圓的價位了。

其實不只汽車產業，隨著不景氣之後出現的是「業績上修」、「收益增加」和「更新最高獲利」。為什麼會出現這種現象呢？這是因為之前的狀況太慘烈了。要是上一年的業績很差，那麼下一年只要表現普通，看起來就會比去年要好得多。

然後呢，因為人類非常健忘，因此只要看到像「業績比去年增加兩成」這樣的報導，公司的股價就會開始上升。

如此一來金錢又會開始流動，景氣也會隨之復甦。「有高山也有低谷」這句日本俗諺很適合用來形容景氣的循環。

雖然社會上流傳許多關於資本主義即將崩潰、國家破產或日經指數會跌到五千點的流言蜚語，但我們實在沒有必要隨著金融市場上的短期震盪起舞。

正如流傳在日本金融界裡的名言：「把『預測』倒過來看就是『謊言』。」[33]

領先他人十步之外的預判訓練

假設你在公車站牌已經等了好長一段時間，結果沒想到望穿秋水等到的公車，竟然擠得和沙丁魚罐頭一樣。

這時你可能會想：「都已經等得有點累了，還要在車上站三十分鐘回家的話，實在太辛苦了。雖然等下一班車或許是比較好的選擇，但如果還是這麼擠的話，該如何是好呢？」

要搭這班公車，還是等下一班車呢……？

我相信如果沒有急事的話，大家肯定會選擇等下一班車吧。

理由如下：公車每隔一段固定時間就會發車，如果搭乘前一班公車的人比較多，該班車的整體行進速度自然就會比較慢。而搭乘下一班公車的人相對較少，所以停靠的公車站牌數，

33此句原文為「予想（ヨソウ）をひっくり返せば、『ウソヨ』になる」。日文漢字「予想」（預測）的拼音「ヨソウ」，倒過來為「ウソヨ」（噓よ），有謊話、騙人的意思。

當然也會比較少。

如此一來，前後公車之間的距離就會不斷縮短，最後變成像串丸子一樣的狀態。因此，若前面的公車有很多乘客的話，那麼下一班公車應該會空不少才是！

於是最後就會得出「還是等下一班公車吧」的結論了。

像前面那樣的預測，準不準我們當然不知道，因為這是個「假說」。

雖然世上有這麼多的資訊，但要想將其收集完整卻很困難。

因此對我們來說，最重要的是如何在有限的資訊中，提取出能帶來啟發的部分，**讓自己能去「建立假說」**。

我們要做的可不只是像「如果這麼做，就

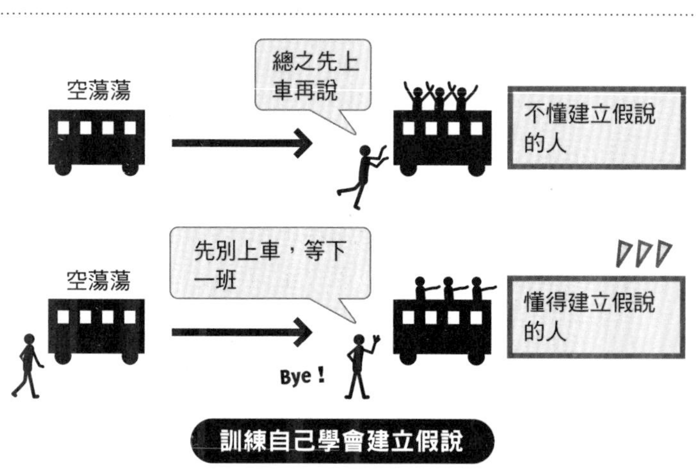

會變成那樣」，這樣單純預測下一步而已。而是要像將棋高手，「如此一來，態勢或許會朝那樣發展喔」，去判斷十步棋以後的局勢。

只要我們願意學習去做預測，對於世界經濟之後的發展，就算無法做出百分之百準確的預測，也能藉此培養起自己對事物的洞察力。

世上所有資訊都存在著偏差

當人們被問到「金星的表面是什麼樣子」的時候，我想大家應該都會回答「有一堆撞擊坑吧」。

但絕大部分的人其實根本沒有親眼見過金星真實的樣貌，只是單純重複從媒體上所得到的資訊而已。

由此可知，**媒體能製造輿論，並建構出我們的世界觀**。

正因媒體的影響力如此強大，所以它們能輕易地消滅一間公司，還能把一個人逼到尋短。

然而會造成這些事件發生的責任，其實並不能全賴在媒體上。

因為讓媒體往這個方向偏的，正是我們一般視聽大眾。

試問，電視的收視率和報章雜誌的發行量，難道不是大家創造出來的嗎？

媒體所做的事情，不過是追著這些數字跑罷了。

而且眾所周知，媒體還得顧慮那些出錢打廣告的業者，因此絕不能做出對重要客戶不利的報導。

正因「資訊」的背後，一定存在有訊息創造者的個人意圖，所以絕不可能全然正確無誤。

更何況媒體還能透過編輯或刻意的安排來曲解事實，把黑的說成白的，反之亦然。因此我們有必要去了解，這些媒體所具有的特性才行。

02 重點不在「投資什麼」，而是「什麼績效最佳」

根據生活方式，決定最佳資產型態

投資並不只做「是股票好，還是不動產好」的選擇，讓我們試著從自己的價值觀和生活型態出發，在參照經濟情勢後，接著來思考當下該如何做資產配置，才是比較聰明的做法。**和目前的資產型態相比，有沒有能創造出更多價值和更高滿意度的其他資產型態？**

關於這個問題的答案，會因不同的人和時代有所差異。

認為比起保留現金在手上，股票較能創造出更高價值的人，可以選擇把錢投入股票市場。認為和股票相比，不動產更穩定且還能產生財富的人，則不妨把股票賣掉，然後把這筆錢拿去投資不動產。

而對於想要創業的人來說，與其把資金放到有風險的地方，還不如存在銀行裡比較安心。

對那些老了以後想要到其他國家長住的人來說，可以藉由購買當地國家的國債或定存該國貨幣。而想要夫妻倆一起享受旅行之樂的人，則可考慮把錢投入「旅遊準備金」[34]（利率還蠻高的喔！）這種商品。

除此之外，認識自己的個性也很重要。神經質、粗枝大葉、悲觀、樂觀、喜歡冒險或是渴望安定，種種特質都會影響到自己對投資標的與風格的選擇。

我們不能光想著「好想賺到錢啊」，而是要找到最理想的運用方式，讓自己能夠最大程度地享受到金錢帶來的效果。

而因為這件事和個人的生活型態有很大的關聯性，所以我們得先弄清楚，究竟自己是如何過生活的。

配合景氣循環，調整資產配置

釐清生活形態與目標後，接下來就是去思考如何安排手頭上能自由支配的資金。

景氣會時好時壞、利息會上升或下降、通貨會膨脹也會緊縮，經濟環境的變化，可以說相當多元。

因此投資不用緊咬著一個標的不放，而是要配合不同的時代和環境，去思考「**把錢轉換成什麼樣的資產狀態，能達到最佳的效率**」。

舉例來說，認為環境保護意識會逐漸抬頭的人，可以把錢投資在相關產業的股票上。而若是看好國家即將快速成長，也可購入和建設或建材相關的股票。

要是預感不動產行情即將走俏，則不妨將其視為投資標的。若看好原物料會漲價的話，把錢投入期貨（原油、鉑、黃豆等）市場也是很好的選擇。

避險基金[35]（或譯對沖基金）的資金之所以會出現大挪移的情況，就是因為它們會持續調查，要把錢投入到當前哪個國家、哪個產業，才能讓錢發揮出最高效率。

我們一般人雖然無法像對避險基金那樣，花這麼多的時間來收集資訊。但只要能時常把這件事放在心上，就能發揮出「彩色浴效應」[36]，進而讓自己在日常生活中，自然而然地開始收集資訊。

---

34 日文漢字作「旅行積立」，是由銀行、旅行社或航空公司販售的金融商品，購買者可以定期定額或單筆投入資金的方式，等期滿後領回本金加利息，用來做為規劃旅行的旅費。

35 原註：Hedge Fund，屬私人性質的一種投資組合，會透過把資金投入到衍生性金融商品等方式，以達成在分散風險之餘還能獲利的基金。

36 指當我們對某事物產生興趣之後，大腦就會下意識過濾出我們會感興趣的事。源自加藤昌治《考具》一書，是一種利用大腦的「選擇性注意」來協助資訊收集、激發靈感的思考方式。

配合景氣變動，改變資產配置

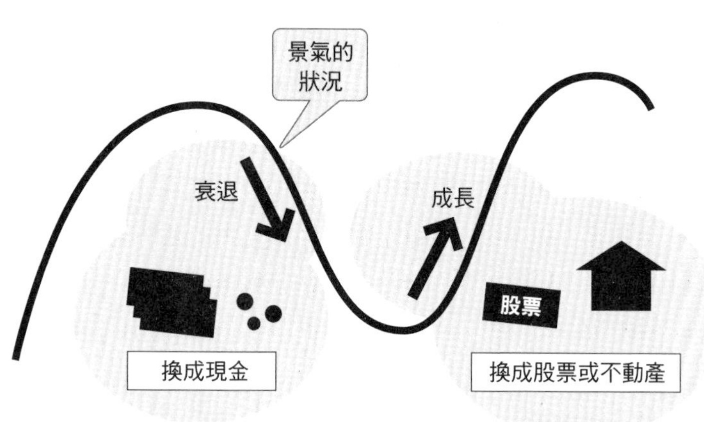

比較收益率，其實沒意義？

雖說收益率是用來判斷是否要做投資的重要指標，但我們也不能僅靠收益率就做決定。會陷入投資詐欺陷阱的人，通常都是眼裡只看到高收益率，才會受騙上當。

舉例來說，投資不動產的收益，在東京都地區約為百分之六左右，在首都圈約為百分之八至十之間，郊外的話則在百分之十至十五之間，較舊的物件甚至超過百分之二十。

然而，離東京都心越遠，一般來說空房的機率就越高，且要是屋齡越高，則還得再加上修繕費用才行。正因為存在著這些風險，所以才有可能出現這麼高的收益率。

也就是說，「因為郊外的風險較高，所以若不把收益率提高到百分之十以上，就不會受到投資人的青睞」。

開發中國家的國債殖利率會高達百分之七至十的原因，和其背後的風險有關，若殖利率不高的話，也不會有投資人願意掏錢。大型不動產公司為保薦人的 J-REIT[37] 殖利率不高，反之，新興不動產公司為保薦人的 J-REIT 殖利率較高，這個現象也反映了其背後的風險。

由此可知，**高收益和高風險，兩者其實是同義詞**。

因此，那些覺得高收益率是件好事的人，也必須要有自己得為其承受高風險的覺悟。

另外，只要這些所謂高收益金融商品沒有得到像銀行等機構的保證，那麼它就不過是一個當下的承諾。幾乎所有金融商品的收益率，其實都會隨著時間和環境的變化而有所改變。

例如股票可能會降低配息金額甚至是不配息，外匯市場（Foreign exchange market，簡稱ＦＸ）則可能會因為降息，導致換匯點數[38]減少。

因此，**我們眼中不應該只有收益率，去思考「這樣的收益率能維持幾年？支持的理由是什麼？」才更為重要**。

---

37 原註：J-REIT（日本不動產投資信託）為在日本上市的不動產投資信託（ＲＥＩＴ），是對不動產做分散投資的基金。

38 原註：Swap Points，兩種貨幣之間的利率差。

看線不看點，從字裡行間讀出獲利關鍵

每天，我都是從一杯晨間咖啡搭配閱讀報紙開始的……。

抱歉，以上敘述與事實不符。實際上，我只有在週末或者是累積了一個月的分量後，才會去讀報。

一個人若僅看到「點」就做出反應，那麼他只會受到資訊的擺弄。但若能從「線」去看一件事，則可以了解整個故事。

雖然有人調侃我「虧你這樣還能把工作做好」，但我獲得資訊的來源，本來就不只報紙而已。

現在只要上個網，隨時都能接收到最新的訊息。世界上發生了什麼事、誰受到社會的關注等，只需瞄一眼電車裡的廣告也能了然於胸。

因為若想獲得國外的訊息，網路在速度上絕對領先。所以我認為，報紙並不是每天早上都應該去閱讀的媒體了。

除了報紙外，能夠由自己來判斷經由網路、雜誌或是從其他人那裡聽到的消息內容等，也很重要。

舉例來說，若我們只是片斷地閱讀有關**「不動產銷售成績不佳」**、**「申請自住房貸的件**

數較去年減少」、「法人融資減少」、「金融機構擴大對併購案的融資」、「收購企業的競爭相當激烈」的新聞報導，那麼大概很難去理解社會的變動，並對其做出說明。

但如果我們把一個星期的報紙統整之後來閱讀的話，就能推導出以下的思考流程。

報導：「不動產銷售成績不佳」、「申請自住房貸的件數較去年減少」。

思考：「不動產價格有滑落跡象，今後有關不動產的融資，可能會日趨嚴格」。

←

報導：「法人融資減少」。

思考：「這樣看來，對於想確保一定獲利數字的金融機構來說，不動產應該還是最佳收益源吧。然而自住房貸申請件數和去年相比為負成長，對於這類房貸客戶的競爭應該會很激烈，所以金融機構很有可能會把業務重心轉向對收益不動產的貸款」。

←

報導：「金融機構擴大對併購案的融資」。

思考：「若金融機構有併購案等其他融資目標，那麼對於放寬收益不動產的貸款這件事，或許不能太樂觀以對」。

←

報導：「對併購融資而言，目前優良的案件並不多，所以各金融機構無不投入激烈的客戶爭奪戰」。

思考：「雖說金融機構有其他融資選項，但果然不能把事情想得過於簡單。從這裡可以推想，現階段對收益不動產貸款的限縮，終究有恢復的可能」。

雖然前面提到的每篇新聞報導刊出的日期都不同，但在我的腦海中，卻能形成這樣一個故事。當然這個故事只是假說而已，還是存在出錯的可能。

像這樣以「流動」的觀點來看事情，就能把片斷的資訊連成線，幫助自己得到新的發現。

03 什麼樣的投資顧問才可靠？

別請沒賺到錢的人給意見

像「投資顧問」、「理財規劃師」、「經濟評論家」和「金融分析師」這些人，都會出版有關投資以及資產運用的書，並舉辦講座。

我也算是這個圈子裡的其中一員。

然而讓我覺得不可思議的是，**貧窮的理財規劃師和沒有個人投資經驗的評論家們，經常會做出許多不合適的建議**。

當然，若只是為了「獲得知識」，想對市場的狀況和結構有所理解的話，這些人所提供的資訊是有幫助的。

然而他們提供的這些知識，並非我們所關心的「能讓錢增加的技術」。

沒有打過高爾夫球的人，絕對寫不出「如何增進高爾夫球的技巧」這種書。但在金錢的世界裡，不知道為什麼，就算是沒有經驗或並沒有手腕能從投資上獲利的人，也能大放厥詞講出一堆道理。

而且一般民眾還不覺得他們很可疑，這些人的書依然能在市場上大賣，真是太令人感到匪夷所思了。

我曾和幾位有著專家頭銜的人見過面，但在他們之中，投資技術高超且能持續賺到錢的人，可謂鳳毛麟角。話雖如此，這些人寫的書還是會登廣告，舉辦的講座和販售的商品，無不讓他們賺得盆滿缽滿。

當然，在這群人之中還是有高手的，他們的共通點是「自己也會投資，並藉此來磨練個人的知識、經驗和技術」。

唯有自己也進場和市場對峙，並實際交出成績的人，他們所說的話才有認真去聽的價值。

好的老師和不好的老師，怎麼分辨？

要分辨某個人是好的還是壞的投資顧問，其中一種方法是去調查一下，「這個人是用什麼方法，賺到了多少錢」。

只要走進書店，我們就會看到一大堆教人如何靠股票或資產運用來致富的書。

你不妨看看這些書籍作者們的簡介，然後到他們的網頁或部落格裡逛一逛，看看能不能從中找出這些作者靠投資賺到錢的證據。或者是否能在他們寫的文章裡，讀到介紹自己的投資方法和手段的文字。

誰能幫助你成爲有錢人？

除上述之外的另一個方法，是去了解資訊散播者的立場為何。

不論是筆者或講座的講師們，都有屬於自己的立場，有時也會出現為了讓己方能賺到錢，進而去引導讀者和聽講者的事情發生。

在證券公司裡工作的人或理財規劃師，或許會推薦大家購買股票和基金。而投資顧問則可能會勸人們進行海外投資或販售講座的DVD。這種事其實無所謂好壞，因為他們只是在做自己該做的事情而已。

所以呢，這裡讓我也來表明一下自己的立場吧。

筆者的本業為不動產投資顧問，也就是吃不動產仲介這行飯的，因此我的立場是業者。因為自己從事不動產投資，理所當然會傾向認為投資不動產是較佳的選擇。

或許有些人會覺得「到頭來，你還不是在為自己的生意做宣傳」，然而我希望，各位能以自己的理解方式，抱著懷疑的態度來閱讀本書。

此外，正如我在先前出版過的書籍中所說，我光靠房屋租金的收入就能養活自己，每年的租金收入約有一千兩百萬日圓。

而在操作股票、外匯交易、商品期貨和日經二二五指數期貨上，我每年能賺到上千萬，但也會損失上千萬，加加減減，平均一年能獲利五百萬日圓左右。

當我們能夠了解到每個人的背景都不一樣，所有的資訊都不中立之後，才會知道什麼樣的投資顧問能帶你上天堂，而哪些投資顧問會讓你住套房。

04 通貨膨脹或緊縮的應對方法

你真的需要考慮通膨或通縮嗎?

我想不少人應該都聽過「處在通貨膨脹時，因為資產的價值會降低，所以把錢投資在股票或不動產上會比較好」這類的話。確實，只要能抵抗通膨，這麼做會是比較理想的選擇。

但我認為，**普通老百姓在做資產運用時，說實在不太需要去考慮到通膨或通縮的問題。**

原因在於，我相信對普通人來說，就算有在做資產運用，通貨膨脹的影響力也不會大到改變你的資產規模。

至於為什麼會發生通貨膨脹呢?我認為有以下四種可能。

「資金氾濫所引發的通貨膨脹」、「景氣好所引發的通貨膨脹」、「超額需求所引發的通貨膨脹」、「資源通貨膨脹」，接著讓我來為大家逐一說明。

◎資金氾濫所引發的通貨膨脹

市場上的錢一旦多了，貨幣的價值就會下降，引發通膨。

前面這句話，聽起來的確很有道理。二〇〇八年入秋之後，世界各國的中央銀行所印行的鈔票，據說金額高達數百萬兆日圓。這筆巨資若沒有被消費或設備投資吸收掉的話，就會造成資金氾濫。

然而這些氾濫的資金只會集中在金融機構與其投資家的手中，而不會對一般家庭的生計有幫助。

進入千禧年後的頭五年間，市場上的資金也很充裕，一些基金大買不動產，企業間的併購相當頻繁。但因為民眾口袋裡的錢並沒有增加，所以沒有促進到消費，結果物價不但沒有上升，反而還呈現通縮的狀態。

因為當時漲到的是股票、期貨和不動產，所以當時的狀態又被稱為「資產通膨」。然而那次事情最後卻在經濟基本面的通膨形成之前，就退回到原來的狀態了。

總結來說，**資金氾濫所引發的通膨容易引發泡沫經濟，而且終將會以市場暴跌的結果收場**，所以只有那些能嗅到市場動向的人能從中賺到錢。

◎景氣好所引發的通貨膨脹

我出生於一九七〇年代，當時日本冰淇淋的價格幾乎都在五十日圓左右，一百日圓的冰淇淋可吃不起啊。而從統計或消費者物價指數來看，物價整體來說確實處於上升的狀態。

但拿過去和現在相比，家庭所得的收入也發生了變化。只要家庭所得提高了，能使用的錢也會增加，如此一來商品的價格自然會提升。

但為什麼家庭的所得會增加呢？其實很好理解，因為企業的業績成長了。只要企業能賺到錢，自然能夠提高支付給員工的薪水。

然而日本接下來還有可能迎來經濟的榮景嗎？

過去經濟高度成長期的環境已難再現，**再加上少子和高齡化的推波助瀾，將來日本的內需走向衰退的可能性較高**。

當然，手上握有一大堆存款的日本老人們如果願意把錢拿出來花用的話，情況或許還有可能出現轉機，但這種可能性微乎其微。

◎超額需求所引發的通貨膨脹

在過去，因為每個家庭的物資都不充裕，需求一直凌駕於供給之上，所以推升了物價的上漲。

但在如今這個物質已相當充裕的時代，就算市場上有單一商品或服務出現了求過於供的狀況，我認為要想達到能大幅推升物價上漲的需求增加程度，恐怕是相當困難。

◎資源通貨膨脹

最後，「資源通膨」指的是原油和小麥等資源以及原物料價格的上漲所引發的通貨膨脹。我認為這種通膨是這四種類型中最有可能發生的通膨。

一旦原油價格上漲，由石油所製成的材料，以至於幾乎所有商品的價格，也會隨之提高。舉例來說，就算是種植溫室蔬菜，也需要用到煤油。

肉類和水果等，因為也需要透過船隻或飛機來運送，所以只要燃料價格上升，運費就會提高，最後增加的成本還是會轉嫁到消費者身上。

世界人口已突破六十億大關，有預估認為到了二〇二五年，世界人口將達到八十億之眾[39]。想當然，人口增加了糧食的需求也會增加。拿玉米來說，它既是人類的糧食，也可做為家畜的飼料，而家畜的數量增加的話，飼料的需求也會成長。

進一步來說，因為甘蔗和玉米還能當成燃料乙醇（Ethanol Fuel，或譯生質酒精）來使用，所以供需之間的平衡，很有可能會進一步造成價格的上漲。

如此一來最後相當有可能會演變成，**儘管大眾的所得收入並沒有改變，但商品的價格卻不斷上漲，進而壓迫到一般人的生活**。

正如大家所見，永旺集團[40]和7&I控股[41]，無不藉由積極投入自有品牌商品市場的做法，來抑制通膨所帶來的壓力。然而，因為商品的低價化會壓縮到企業的業績，所以我覺得更令人擔心的，應該是我們的所得收入。

當遭遇到資源通膨時，再怎麼去操作資產運用，其實也無法改變什麼。

如果一定要說有哪些人或許能從這樣的情況下獲利的話，大概只有商品期貨交易者以及商社、石油和原料製造商，和擁有相關股票的投資人吧。

從經濟學的觀點來看，通膨其實會讓長期利率上升。因為放在銀行裡的存款利息提高

39 截至二〇二二年底，世界人口總數已有七十八億。
40 AEON Group，日本大型零售集團，旗下零售百貨品牌「佳世客」（JUSCO）曾來臺展店，〇八年時退出臺灣市場。
41 日本大型零售通路控股公司，旗下擁有7-Eleven、SOGO與西武百貨等公司。

了，所以把錢存在銀行裡的話，就能達到防止貨幣貶值的效果。這又稱為「費雪效果」（Fisher Effect）。

話說到這兒突然想到，我在一九九〇年進大學就讀的時候，把自己打工所賺到的錢存在信託銀行裡，當時的利率確實在百分之五左右。

讀完這一節後想必各位已經清楚知道，面對通膨時個人所能採取的應對措施，只要在經濟沒有出現巨大變動的情況下，都是不切實際的。

通貨緊縮時，把錢存銀行就賺到了？

一九九〇年代的日本在經歷了泡沫經濟後，進入了通貨緊縮的狀態。

話說，因為貨幣價值上升了，理論上把錢乖乖拿去存在銀行裡，也就是「投資現金」的話，

引發資源通膨的原因

應該比較有好處才對。

但事情真的是如此嗎？雖然物價下跌，但人們的所得收入也沒有增加，我想應該有不少人，都絲毫沒有感受到生活壓力有變小吧。

因為這樣，不論是日本過去的高度成長或泡沫經濟時期，以至於在接下來這個令人難以捉摸的時代裡，我對那些被稱之為能有效對付通膨或通縮的事物，都抱持著懷疑的態度。

基於上述理由，我不會針對通膨或通縮採取什麼特別的資金運用，純粹就是去磨練在本書中所提到的五種「金錢的才能」。

從結果來看，我認為自己已經準備好能應付各種狀況的能力了。

05

透過多元角度，敏銳解讀資訊

全球暖化還是寒化？正反觀點都要看

不知道世界上，質疑應該防止全球暖化和減少二氧化碳排放量的人有多少。我自己也是在不知不覺中，相信了「為了防止全球暖化，必須減少二氧化碳排放」這套說法。然而，這是因為我沒有動腦去思考，不假思索地把來自政府和媒體所說的話當真了，所造成的結果。

只要能拿出「二氧化碳排放量增加」與「氣溫上升」之間彼此有關聯的數據，那麼大家都會相信「我們必須減少二氧化碳的排放量才行」。日本政府根據「政府間氣候變遷小組」（Intergovernmental Panel on Climate Change，簡稱ＩＰＣＣ）的建議成立相關法案，媒體也完整刊載了政府發布的種種公告訊息。

此後減少二氧化碳排放成為預算使用方式的重中之重，輿論也隨之成形。

但從統計學上來說，我們知道，**兩件事情就算有相互關係，也不意味著彼此之間存在著因果關係**。

稍微查找資料後我發現，抱持「對氣溫變化最具影響力的是水蒸氣，而在大氣成分中占不到百分之十的二氧化碳，對氣溫所造成的影響，則幾乎可以忽略不計」這種觀點的人，其實還不少。

在全球的二氧化碳排放量中，日本其實只占了百分之五而已，絕大多數的觀點認同，努力去減排這部分的二氧化碳，對防止全球暖化幾乎沒有效果。

再繼續深入調查之後我發現，英國的科學期刊《自然》（*Nature*）上有一篇論文指出，根據洋流的循環流動，今後可能會出現全球寒冷化的現象。此外美國的《新聞週刊》（*Newsweek*）上也有一篇文章指出，「全球氣溫上升能帶來的好處，除了農業產量提升、能解決糧食不足的問題之外，死於低溫寒冷的人數也會減少」。

由此看來，那些打著環保名號的商品和世界各國所採取的減排二氧化碳活動，以及日本政府打算花數百億日圓，來購買碳排放權的行為，是否真的有意義呢？

無論如何，只有去接觸那些與個人認知完全相反的主張，然後自己動腦去思考，不要被膚淺的報導給帶了風向，這樣才有可能做出自己也能接受的判斷。

橫向比較不同媒體的資訊

二〇〇八年三月二十五日的《讀賣新聞》，針對發表於前一天的「公示地價」[42]，給出了「景氣恢復，需求增加」這樣令人振奮的標題。

但在同一天，《日經新聞》卻給出了「地價前途未卜」、「經濟下行的徵兆隨處可見」這樣的標題。

同樣是針對公示地價所做的報導，兩款報紙給出的觀點竟能如此南轅北轍。

從這件事我們可以學到，**只相信單一媒體的訊息來源，是件很危險的事**。

因為每一件事情都有不同的面向，為了不讓自己受到單一資訊源的影響，我們必須從多元的視角，以橫向比較的方式來吸收資訊才行。

觀點完全相反的新聞中，存在「失落的環節」

以橫向比較的方式來解讀資訊，可以藉由訂閱不同的報紙來達成。

閱讀並比較《朝日新聞》、《日經新聞》、《讀賣新聞》、《每日新聞》、《產經新聞》等不同報紙的頭版和社論內容，能夠訓練自己從多元的角度來看待事物的方式。

但訂閱報紙需要花錢，因此我們可以透過瀏覽各家報紙網站上的頭條新聞來做比較，如此一來就不用花費任何成本了。

舉例來說，當某家報紙提到「中東的石油通貨（Petrocurrency）有動靜」，而另一家報紙主張「中東的再開發呈現停滯」的話，兩邊都會分別提出有關的事例和根據。

因此儘管立場完全不同，但哪一邊都是事實。

由此可知，**在不同資訊之間，我們有必要為它們搭建起將其串聯在一起的橋梁**。這麼做之後，我們就能進一步收集到，在這些不同觀點背後「失落的環節」（Missing Link，兩件事情間，應該存在的連結）中所隱藏的訊息了。

如此一來就是在訓練自己，去解讀一個事件的本質和接下來可能會出現的發展趨勢。

藉由新聞來綜觀國際局勢

進一步，我們要來綜觀國際局勢。

「去看國外的新聞，就能知道『在其他國家眼中，日本是一個什麼樣的國家』」。這是

42日本國土交通省會於每年三月公告各地標準地價，是日本土地交易的指標價格。

過去我在諮詢顧問公司上班時，上司推薦給我的一種方法，實踐的過程中還能同時學好英文。

家裡如果有安裝第四臺的話，除了日本的新聞，還能收看美國的CNN和CBS、英國的BBC，以及中東的半島電視臺。這些都是二十四小時新聞節目不停播的主流電視臺。

若能比較不同電視臺所播放的內容，你會發現，日本國內發生的大事，世界上其他國家或許一點也不關心。另外，就算是同樣一則新聞，不同國家也會有相異的解讀方式。

或者，去瀏覽一下雅虎在不同國家的首頁（在「全部服務」[43]中，還能選擇瀏覽美國、英國、法國、香港、韓國、義大利、德國、澳洲和加拿大等國家的雅虎首頁。看不懂也不要緊，用Google翻譯就可以自動轉成日文了）。

以上也都是另一種橫向比較資訊的做法。

---

43 臺灣版的Yahoo奇摩網站，可於電腦版頁面左側下方找到「全部服務」，進入後選擇「Yahoo奇摩國際」，即可連至各國雅虎首頁。

第三章
有效增加資產的能力

01 贏在起跑點的「致富心態」

捨棄那些有關金錢的常識吧！

最近這幾年，在日常生活中我們越來越常能接觸到投資這件事。

然而說實在的，投資只不過是用來賺錢的一種手段而已，它和會讓我們有所成長的工作，是不同的兩件事。只要不是身為專業投資者的人，都不應該把投資置於人生的核心位置。

因此，在專注於自己的本業之外，還得花費很多心力的投資，是沒有意義的。對你而言，此時的重點應該轉為「如何打造一個可以輕鬆獲利的系統」。

當你在思考這件事的時候，**應該以「過去的方法已經行不通了」為前提，試著從多元的角度，重新來對投資做一番審視**。

以「上班族」這種勞動型態為例，它隨著日本戰後的高度成長期而普及開來，年功序列、終身僱用等制度被視為理所當然的事。考進一所好大學，畢業後進入一流企業工作，被認為

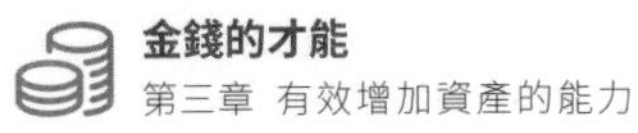

是成功的方程式。

然而這種情形在經歷了七十年後，終於要落下帷幕了。過去人們可以只在一間公司做到退休，但如今，企業的壽命可能比個人的職業生涯還要短暫。

如果一個人得工作三十年，但自己所在的公司卻只撐了十年就經營不下去的話，不論願不願意，都得重新轉換職業跑道才行。

在資訊瞬間就會傳播開來的現代社會中，哪怕市場上發生了什麼事，也會快速地收斂，這使得商業機會的「賞味期限」越來越短了。

正如我們在部落格、電子雜誌、行動裝置、多層次營銷中所看到的那樣，能賺到錢的那些人，都是在產業萌芽時就投入到該市場裡的人。因此，**越是能盡快完成典範轉移（Paradigm Shift）者，才越能獲得先占優勢**（First Mover Advantage）。

當然，並非所有的事情都已滄海桑田，其中還是存在著不變的普世真理。因此在接下來的時代裡，我們必須練就一種能力，來辨識出什麼樣的法則還行得通，什麼樣的法則已經遭到淘汰。

打造「多元收入」的思考法

每個人可能都曾想過「分散投資」這件事，但你可曾思考過「**分散收入**」呢？

正因為接下來我們要面對的，是一個渾沌不明、不知道會發生什麼事情的時代，因此需要分散收入的來源。當擁有多個不同的收入管道後，就算其中之一出了事，我們還能靠其他的收入來彌補，這就是避險。

舉上班族來做例子，幾乎所有在公司上班的人都只有「薪水」這個單一的收入來源，過去的我也是如此。

然而僅靠公司發的薪水來過活，等於是把自己鑲嵌到公司這套體系之中，如此一來幾乎只能仰仗公司的鼻息（業績和待遇制度）。

而且，因為自己是公司的雇員，所以是不可能去控制公司這套體系的。反過來說，要是自己不能再提供勞動力的話，收入就會歸零。這樣想來，實在令人感到不安。

因此，**我們應該去創造薪水以外的收入來源，並設法加大它的占比**。這樣的想法稱為「多元收入」。

正是「不勞」才有意義

有些人會以從事副業的方式來填補家計。

有人會利用早上的時間送報；有人在白天的工作結束後，晚上還去咖啡店或酒吧工作；還有些人平日在公司上班，只有週末會到洗衣店站櫃臺。

以上這些雖然都可稱為多元收入，但從現實面來看，還是在靠體力打拚。如果是為了實現賺取留學費用等短期目標，想在短時間內多賺點錢的話，還算說得過去；但隨著上司人數的增加，不但會讓你感到疲倦，還會因此失去自己的時間，如此一來將很難堅持下去。

由此可知，打造一個不靠勞動力的收入來源，亦即所謂的「不勞所得」[44]，有其必要。

有些人或許認為，「勤勞所得」（勞動收入）值得尊敬，而「不勞所得」卻很骯髒。然而，**在這個變幻莫測的時代裡，如果一個人只有勤勞所得的收入，就等於面對風險，卻沒有採取任何預防措施。**

當然，我並沒有要否定「勤勞所得」的意思。

44日語中的「不労所得」即中文所說的「被動收入」，這裡為求閱讀脈絡上的流暢性，沿用「不勞所得」一詞。

「勤勞所得」源自能讓個人有所成長的本業，而本業工作是人生的重要支柱，人們能從勞動中體會到幸福感。但是，為了能讓自己專注於本業上，而不只是看在錢的分上努力，所以我們其實更需要有安定的不勞所得。

我們可能會在任何時候生病，公司和工作會出什麼事情，我們也抓不準。有時可能還得為自己的孩子或父母，額外支付一筆原本不在預算之內的錢。眼看稅金和生活費越來越高，但自己的收入未必能隨之提升。而且我們並不知道，自己到底能工作到什麼時候。

如果遇到上述情形時，**只能依靠存款來過生活，使得帳戶裡的餘額不斷減少，這種生活不是讓人感到很不安嗎？**

打個比方，「我的存款有三千萬日圓」，單看存款金額似乎是個不錯的數字，但如果你活得比你預期的還要長的話呢？

「今年用五百萬日圓後，就只剩下兩千五百萬日圓了」，僅靠吃存款的老本來過生活，對個人的心理健康狀態並不好。但如果擁有一份與自己身邊環境變化無關、總是能穩定提供一定額度的收入，那麼就能讓人鬆一口氣。

如果能像「這個月有五十萬日圓進帳」、「下個月也能拿到五十萬日圓」、「明年依然有六百萬日圓的生活費」這樣，在生活的規劃上也會比較容易。

人只要生活安定了，心裡也會感到踏實，才能享受安穩的日子。因此，讓自己擁有「不勞所得」是相當重要的事。

累積財富的路上，沒人能穩賺不賠

「投資」指的是「投入」「資本」的行為，這件事只要有錢，誰都做得到。

而「資產形成」正如字面上所讀到的意思那樣，是要去「形成」（打造）「資產」，而非使其減少。

在我身邊，有好幾位只靠投資就能養活自己的專業股市操盤手。

其中不乏有挺過了雷曼兄弟風暴的高手，但卻在之後市場恢復的過程中被擺了一道，結果僅僅數日就把賺到的錢又吐回去了。

就算是曾出版過好幾本書的著名投資家，也可能讓曾至十億日圓的資產，在三個月之內減至三億日圓。

包含我個人在內，有不少人是在「短時間內賺了一大筆錢」。**但我幾乎沒有看過，在投資這件事情上能一直維持「穩賺不賠」的人**。當然我不否認有這種人存在，但想必應該是極為稀少的個案吧。

這就像是，日本國內加入「高野聯」（全名「日本高等學校野球連盟」）的高中雖然有四千多所，但最後能踏入甲子園棒球場的學校，卻只有四十九所而已。同理，若想在股票市場上獲利，需要付出相當程度的努力。

正如那些甲子園的熟面孔，都是棒球社團歷史悠久的學校。用投資這件事情來理解的話，就是**需要多年的鍛鍊**才行。

我自己當然也曾嘗過失敗的經驗，在投資上有輸有贏。

從二〇〇四到〇七年間，我的勝率是百分之百。雖然〇八年時虧了一整年，但到了二〇〇九年[45]，還是約有一千萬日圓的獲利。若從我開始投資時算起，整體而言贏面較多。

然而我並不清楚今後市場會如何演變，因為自己沒有解讀趨勢的能力，所以可能未來會在某個地方栽跟頭也不一定。

不過，根據我個人經驗，以及從身邊那些專業投資人的身上所看到的成績，我認為「缺乏認真學習和反覆練習，就無法透過資金運用和投資賺到錢」。

反過來說，**對不想努力的懶人而言，金融商品並不是能幫自己達到資產形成的好方法**。

遠離賭局！投資和投機是兩回事

市面上已經有許多書籍和文獻，針對投資和投機的差異做過說明了，但為何我們有必要區分這兩者呢？因為唯有能分辨「自己想做的事情是投資還是投機」，才能避開陷入賭局的風險。

投資指的是，「在投入自己的財產後，藉由自己或他人的努力來提高其價值，然後獲取相對的利益」。

說白了，其實就是藉由投入資金來創造財富。

假如我們買了某個企業的股票，該企業就會運用這筆錢來蓋工廠，然後購入原材料來製造商品，進行販售。最後再把所獲得的部分利益，以「股息」的方式回饋給我們。

銀行的存款利息也是如此，銀行把我們存在裡頭的錢用來對企業進行融資，然後從融資所獲取的利息收入的一部分，以利息的方式回饋給我們。

另一種容易明白的投資為「自我投資」。方法是藉由把錢花在購書閱讀或進入學校學習

45 本書初版於二〇〇九年年底在日本發行。

來提高自身的價值，為自己贏得高薪。

與投資相反，**投機是「投入自己的財產，然後藉由因認知上的差異所產生的價格差異，或是抓住價格變動的時機，來獲得利益」**。

可以說，投機就是為了賺價差而投入金錢的行為。例如短期內因股價的上揚所帶來的資本利得、匯兌產生的差額利潤，以及因地價上漲所帶來的不動產交易利益。

雖然有點咬文嚼字，但投機或許也可用「經由認知上的差異，所產生的價差」這句話來做說明。

這就像是今天市場上出現了一個很有魅力的商品，雖然某甲已經發現了這個商品的存在，但大多數的人與某甲存在著資訊上的落差，所以尚未注意到。

於是某甲搶先一步買下該商品，待大家都意識到有這麼一個東西，價格開始走升的時候，再釋出該商品來賺取利潤，這就是所謂的套利（Arbitrage）。

藝術作品可視為上述說明的典型代表。投資人在年輕的藝術家尚未嶄露頭角時，先買下他創作的繪畫或雕刻作品，等到藝術家成名了，獲得認同後，再賣掉價格已經被炒高的作品，藉此賺取利潤。在這個例子中，投資人必須擁有能看出該藝術家是否有爆紅的能力，唯有如此才可能獲得金錢上的回報。

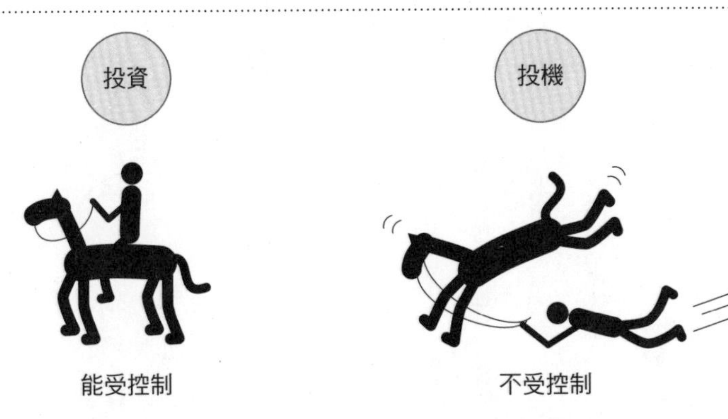

總結來說，「自身可控因素較多的，即為『投資』」，而「自身不可控因素較多的，即為『投機』」。

當然，賭博本身其實並沒有好或壞的區別。

如果我們能於事前認識到「較具賭博性質的東西，風險也高」，那麼要是自己真的賠了錢，也可當成「學經驗」或「自娛」來接受。

但如果事前沒有這樣的認識，結果就會變成「事情怎麼會變成這樣」、「果然不應該這麼做啊」。如果你使用的還是用來預備應付緊急狀況的私房錢，那就真的很「毋通」了。

藉由認識到投資對象的賭博性質，並加以排除，我們才有可能把資金投入到較能穩定獲利的投資標的上。

02 讓資產不減反增的標的選擇法

選擇容易理解的標的

如標題所述，就像是購買商業模式簡單易懂的公司股票，對該公司進行投資。至於那些看起來就像詐騙集團、組織結構複雜、讓人難以理解公司的獲利模式，以及缺乏資訊透明度的公司，則最好避開為妙。

另外，最好也不要對難以做風險評估的東西進行投資。了解某個標的具有什麼樣的風險，以及在什麼情況下會造成損失，是相當重要的。

還有一點，**選擇投資的標的，必須是自己清楚知道「在做什麼或要做什麼」的東西**。

比方說像不動產，就是實際狀況一目了然的東西。

房子會隨著時光流逝而變舊，這點光用看的就能確認，所以你會知道何時該整修。重新裝潢後，你也會很清楚看到房子煥然一新。如果發現收垃圾的地方凌亂不堪，你可以寫些注意事項張貼在布告欄，希望住戶守規矩，或是請物業管理公司來清掃。

能讓我們清楚知道自己在做什麼、又應該做些什麼的，才是我們該選擇的投資標的。

選擇容易取得資訊的標的

進行海外投資時，因為我們不容易收集到正確的資訊，所以必須要更加小心謹慎。

不可否認，在一些資訊量本就很少的標的裡，經常蘊藏著良機。然而，**只要是你無法親眼所見的事物，你就勢必要依靠他人所產出的二手訊息。而在這樣的資訊裡，其實存在不少偏頗和誘導的內容，也就具有一定的風險。**

但像美國或歐洲諸國等已開發國家，因為能迅速取得會對市場產生影響的各類豐富資訊（例如統計數據等），所以比較能讓人做出正確的判斷。

選擇能開槓桿的標的

槓桿（Leverage）真正的意義，在於能提高資金的效率，讓人能以最小的投資來獲取最大的回報。

說穿了，其用意就是普通人都曉得的「高性價比（CP值）」這麼一回事。

假設投入了一千萬日圓，就算翻了一倍，金額也只是變成兩千萬而已。但如果是十倍槓桿的話，則會成為一億。因為槓桿結合了速度和力量，所以一個人若希望脫貧，想利用最小的投資獲得最大的回報，就得把資金有效地投入在能開槓桿的標的上。

在商場上也是如此，如果勞動者只有自己一個人的話，就是一倍槓桿，你只能賺得自己勞動所獲得的那一份收入。但如果僱了三個人的話，就能處理三倍的工作量，就算要付給員工薪水，也比自己一個人孤身打拚時賺得多。

又比如投資不動產，可以用占總金額一到兩成的頭期款來申請房貸，因此也是能運用槓桿的商品。如果某人想買基金而到銀行借錢的話，想當然只能吃閉門羹，但如果他是為了買房，卻可以借到錢。這是因為銀行認為，不動產是具有擔保價值的東西。

保證金交易、信用交易和期貨等，都是可以使用槓桿來交易的金融商品。然而，如果槓桿往預期的反方向傾斜，也會使人蒙受更大的損失。此時就要搭配停損委托，或藉由投入更多的保證金等做法來提高停損能力，為自己「買保險」。

投資可控制的資產

我之所以把對不動產投資的運用置於核心的位置，理由之一在於其「可受控制」。

如果是金融商品的話，我無法掌握利率和風險，只能決定進、出的位置。另外像基金的風險和回報，也無法由自己來作主。股價、匯率甚至樂透彩中獎的機率，也不是我們能說了算。

但如果是投資不動產的話，我們可以調整房租價格，變更押金和禮金的金額，重新製作找房客的傳單內容，或藉由對房屋內外進行整修等種種方法，來控制租房的空置率與收益率。

雖然我們無法控制貸款利率和不動產的價格，但卻能借新債還舊債（再融資），也可針對利率來交涉。就算地價下跌，但還是能獲得房租收入，所以沒有必要把房子賣掉。

儘管有些人認為「投資不動產有這樣那樣的風險，很不安全」，或者「哪有像你說的那麼好康」，但這些不過是不懂控制方法和沒有技術之人的說辭罷了。

此外，自己做生意從某個層面上來說，也是可控制的。因為我們可以改變販售的商品或銷售的價格，也能控制用什麼方式來行銷，以及僱用多少員工。

其實員工也一樣，剛進公司時什麼都不能由自己做主，但隨著晉升為課長或部長後，手上的權限就變大了，可以掌控自己的工作內容。

面對投資這件事，自己得握有掌控權才行。如果投資在自己無法控制的標的上，正如我前面提過的，這是「投機」而非「投資」。

對自己無法掌控的標的開過大的槓桿，就如同乘坐在一臺只有加速踏板，卻沒有安裝剎車和方向盤的車子裡。

作為警語，在此也要提醒各位，不可以把金錢的控制權交到不認識的人手上。

03 想賺到錢，有何祕密？

找出規律性，打造交易勝局

打個比方，下雨天時，到便利商店的客人會減少，業績也會下降。因此有些便利商店的店長一看到明天的氣象預報是雨天時，就會少進一些便當或小菜等容易過期的食物；另一方面，則會追加雨傘和熱飲的數量。

另外，如果在中午十二點到餐廳的話，肯定會碰到洶湧的人潮。因此有些上班族和OL會避開混亂的正午，在十一點四十五分或下午一點過後才去用餐。

像這樣，我們可以在日常生活中去挖掘出事物的規律性，然後採取對自己來說最合適的行動。

這個道理放在金融商品上也是一樣的，只要找出背後的規律性，然後借力使力或出其不意，就能使自己獲利。

舉例來說，黃金期貨過去存在一種現象，「很多人都會賣在一早，造成金價下滑，到了傍晚時價格才會恢復」。於是有人就在金價較低的上午買進，然後在傍晚時結算，因為這樣的操作能賺到一點錢，於是大家無不趨之若鶩。結果不久後，竟出現了中午之前金價較高，傍晚時反而便宜的反轉現象。

像這樣，只要一個規律被發現後，因為大家就會開始跟風，結果使得這個規律遭到破壞（之後出現進行反向操作的人，他們把黃金賣在中午之前，然後等傍晚時再做結算）。

由此可以知道，**因為規律性會改變而非一成不變，所以人們若想在投資上得到穩定的獲利，平常就得努力找出事物的規律性才行**。

為什麼有些人照著投資書上傳授的操作模式執行，卻無法賺到錢呢？那是因為他們參考的，是已經成為過去式的規律。

然而出現這樣的結果，並不能怪罪於書籍的內容或作者不好，因為該書作者在寫作的當下，他所提到的原則和方程式依然有效，也確實因為這樣而讓作者在投資上獲益。

身為一名讀者，我們只能透過「從做中學」來挖掘出規律性。不斷在交易過程中累積經驗，進而掌握住訣竅。

如何找出事物根本的「價值」？

有人會利用PER（本益比[46]）做為投資股票的指標。確實，本益比做為評估投資股票的指標，值得關注，但它並非用來衡量根本價值（Essential Value）的標準。

就拿用來計算PER的股價來說，因為它是由投資者的欲望所推升的，所以股價所呈現出來的數字，無法用來佐證該企業是否具有成長性。

所謂的成長性，是指一個企業所擁有的商業模式和資產（顧客、供貨商、生產方式、資金調度能力等），較與它競爭的其他企業來得優秀，而且還存在巨大的潛在市場，以及具有能引領企業前進的經營者。

再說到收益率，這是投資標的當下獲利能力的指標。但在不動產市場中，由於會以「無空房」（滿室）的情況做「預估」，因此完全不會去考慮到將來要如何維持收益率的問題。

對於不動產來說，「有人會想住進來嗎」、「這樣的房租設定不知是否合理」、「會有人想買這個物件嗎」等等，才是應該去傷腦筋的事情。

46 原註：Price-to-Earning Ratio，即股票的收益率。是一種藉由比較股價和企業獲利能力，來判斷某企業是否具有投資價值的一種衡量標準。PER＝每股市價÷每股盈餘。

來找我諮詢的人，有不少都會秀出像是LTV[47]、IRR[48]或DCF[49]等各式各樣的評價指標。只要投資標的的指標數字表現優秀，他們就願意掏錢購買。

要是不動產也像金融商品那樣，只要購買同一樣東西就具有相同價值的話，那麼只要看數字來做決定就行了。然而，**由於不存在兩個完全相同的物件，所以不動產的根本價值，無法只靠數字做出判斷**。

就算計算出的數字再優秀，只要沒有人願意住進來，將來也不可能兌現數字上的估值。由於租賃需求不容易用數字來評估，所以它實際上才是不動產投資裡面，最需要考慮的事情。

一些只靠數字來做決定的股市專家們，在二〇〇八年的金融危機時都難逃一劫，我們也應該從這樣的現實中學到教訓。

目前我所居住的房子，屋主（一對務農的老先生和老太太）雖然不懂這些數字，但因為他們擁有優秀的物件，所以如隔岸觀火般安然度過了這場金融風暴。別人的成功，值得我們學習。

總結一下，**希望各位都能清楚了解到，「價格」和「價值」是完全不同的兩回事**。

羅伯特・清崎如何察覺次貸危機的逼近？

在做投資時，應該避開那些話題正熱的熱門股票、人氣商品，以及突然受到關注的東西。原因很簡單，因為容易存在暴跌的風險。

美國前總統甘迺迪的父親[50]，曾在經濟恐慌前賣掉自己所有的股票，因而成為大富豪，這則故事至今仍為人所津津樂道。

故事是這樣的，有一天甘迺迪的父親去給人擦鞋子時，發現連擦鞋的少年都在談論股票的話題，他感到，「連這麼年輕的孩子都不專心於自己的工作，而是熱衷於股票，這樣實在太不正常了」，就把自己的所有持股都賣掉了。

至於為什麼羅伯特・清崎[51]知道要在次貸危機發生前，賣掉手上的不動產呢？那是因為羅伯特從餐廳的女服務員那兒聽到，她正高興地談到自己通過了不動產經紀人的證照考試。

47原註：Loan to Value Ratio，貸款價值比。指貸款金額與抵押品（不動產）價值的比率。

48原註：Internal Rate of Return，內部報酬率。相較於投入的資金，可以拿回多少現金報酬的比率。

49原註：Discounted Cash Flow，現金流量折現法。以預估將來能產生的自由現金流量（Free Cash Flow），乘上一定的貼現率後，所計算出的預估合理現價。

50老約瑟夫・甘迺迪，曾任美國證券交易委員會主席。後文所言故事，即著名的「擦鞋童理論」。

51 Robert Toru Kiyosaki，全球暢銷理財書《富爸爸，窮爸爸》及其系列書籍的作者。

他心想，「連餐廳裡的員工都想進入不動產市場，看來恐怕有大事要發生了」。

當你感到周圍的人都熱中於某件事時，哪怕覺得有點為時尚早，我建議還是提早獲利了結，觀望一下狀況會比較好。

就算要留在場上，也至少要減少自己持有的部位[52]。

分散投資也難守住資產的時代

分散投資指的是，把彼此沒有關聯性的資產，用適當的方式來做投資組合[53]，藉此達到規避風險的效果。

然而這種想法只適用於「平時」，也就是世界經濟處於穩定成長，且相對安定的時期。

雖然有不少人認為自己已經做到分散投資，但事實上他所投資的仍都是「證券」這種與市場連動的金融商品。因此，我們才會時常見到一些實際上完全沒做到分散的案例。

經濟學上的「脫鉤理論」（Decoupling）認為，世界經濟並沒有完全連動在一起，若有某個國家經濟不景氣，則會有另一個景氣正熱的國家。換句話說，就是市場上始終存在著可以投資的對象。

另一方面，「掛鉤理論」（Coupling）則認為，隨著世界上金融技術的不斷進化和拓展，只要有某個大國陷入了經濟危機，那麼其他國家自然也會受到波及。這個理論強調，世界經濟是連動的。

現實層面上能夠撼動世界經濟的國家，其實並不多。不論是英國的英鎊、俄羅斯的盧布或韓國的韓元發生暴跌，對我們的日常生活，好像也沒有帶來太大的影響。

但二〇〇八年發生於美國的金融風暴，卻因證券化技術，導致了一連串骨牌倒塌的連鎖反應。有人認為，這件事應該視作例外。持此觀點的人，認為像這樣規模的恐慌十分罕見，所以覺得分散投資基本上還是有效。

但今後伴隨金融技術的日新月異，新的金融商品也會隨之問世、販售。金錢越過國境流通的情形，只會越來越頻繁。

想到今後將會是一個全球化的社會，**單純去分散投資雖然很簡單，但要做「有意義」的分散投資，還是相當困難。**

52原註：Position，指個人對自己所投資金融商品的擁有數量。

53原註：指把自己的資產分散投資在不同的金融商品上。或指不同金融商品的組合配置。

集中投資，一口氣直上專家級的方法

在做分散投資之前，我會建議，應該先從集中投資開始著手。

一般人都有自己的主業，因此能用於投資上的時間和金錢都有限。一位棒球選手如果同時還去練習籃球和劍道的話，等於是分散了自己的時間和體力，很難繳出亮眼的成績。

因此首要之務是要集中精力在一件事情上，讓自己能一口氣達到具有專業等級的知識和技術能力。如此一來不只能迅速掌握某個領域的事物，還能培養出與之相關的「第六感」。

投資理論並不會因為針對的標的不同，而發生巨大的改變。不論是股票、外匯或不動產，能賺到錢的模式和道理都是相同的。

精於將棋的人，西洋棋的實力一定也不賴。

換句話說，能在股票上賺到錢的人，在外匯或不動產市場上也能賺到錢。**因此只要能精通一個領域，就能將所學應用到其他的領域之中。**

真正的投資家，沒有分散投資的必要

對那些不清楚自己在做的事情有何意義，以及無法掌控風險的人來說，在投資上就只能選擇做分散了。

但對於那些清楚知道自己在投資些什麼，**且懂得規避風險方法的人，是不用去做分散投資的**。原因在於，只要能讓他們掌握住投資效率最高的標的，就知道該如何從中獲取最大的回報。

對企業和股票都能做出分析、評估的人，為何還需要分散投資呢？

華倫・巴菲特曾經說過：「**分散投資是對無知所採取的防禦手段。對於知道自己在做什麼的人來說，沒有分散的必要。**」

04 投資常識，真的都正確嗎？

長期投資能讓資產增加嗎？

相信不少人都聽過「長期投資是資產運用的基本」這句話。確實，如果是做長期投資的話，因為可以無視短期內市場上的變動，所以不會每天受到行情上下波動的影響。

但當我們要做長期投資之前，應該先去了解，**能讓長期投資發揮功效的前提條件為何。亦即當某個東西本身所具有的價值，以現在來看，購買價格是便宜的。**但在經過一段時間之後，**這個價格的落差會填補起來，等到那時再行獲利了結。**

「只要長期持有，有一天價格一定會上去」，這種想法只是一廂情願罷了。雖然價格的確可能上漲，但可不一定是漲在你真正需要用錢的時候。

二〇〇八年的秋天，當雷曼兄弟事件造成日經平均指數降至七千點時，新聞報導曾指出，這是日本自一九八二年以來的股市新低。這意味著，對於那些一九八二年後才進入市場並長期持有股票的人來說，他們這二十六年來所積攢下來的獲利，全部都灰飛煙滅了。

對於那些相信長期投資的效果而購買股票和基金的人來說，他們原本預期當自己老了，遇到真正需要用錢的時候，以前所投入的資金一定會增長，然而現實卻是，有些人連老本都賠掉了。

因為景氣是循環的，所以當需要用錢、得賣掉手上的基金或股票時，唯有景氣剛好也處於上揚的狀態，才有可能獲利。

但如果遇到的是像〇七、〇八年的

日經平均股價的推移

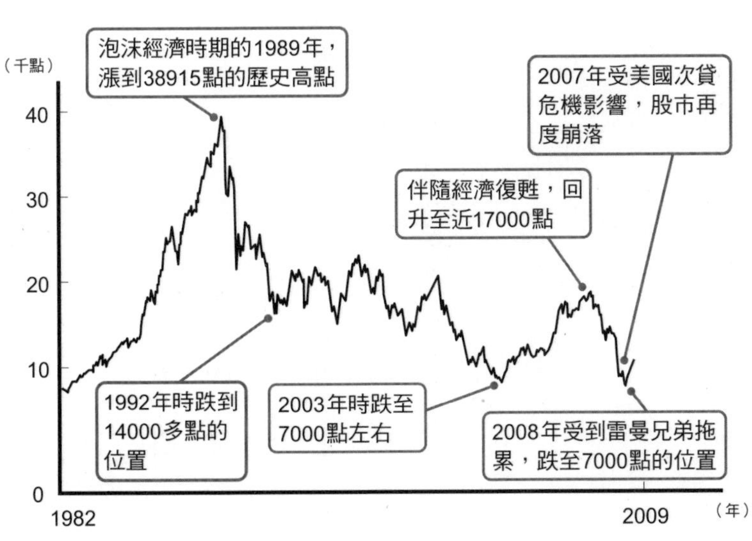

這樣大崩盤的狀況呢？我們不可能有能力預測二、三十年後的景氣和市場走向，要說這不是賭博的話，還能說是什麼呢？

我們應該要有這樣的認知，**「長期持有不是目的，而是手段」**。

如果我們評估後判斷「今後的經濟預期仍會成長，還有上升的空間」，或者「和某個東西原本的價值相比，它當下的價格實在太便宜了」，那麼可以預期，隨著時間的推移，價格和價值之間的落差，一定會被補上。

換句話說，就是要**「耐心等到這段落差填補上的那一天吧」，這是長期投資的基本思考模式**。

因此，就算不是要做長期投資，短期內只要持有標的的價格已經起來了，就應該先賣掉，確定到手的獲利，絕非「只要長期投資，買了放著就安心」喔！

證券公司話術背後的心理學

你可曾想過，為什麼證券公司或理財規劃人員等，總是不停地在向民眾推廣基金的長期投資呢？

其中一個理由，當然是因為短期的市場波動是誰也無法預期的。

而另一個更主要的理由是，證券公司能藉此賺到錢。當顧客的手上有基金的時候，不管景氣如何變動，證券公司都能從信託報酬中，獲取固定的收入。

有些基金，也能讓理財規劃人員從信託報酬中得到回扣。因此對他們來說，有比推銷這類商品更誘人的事情嗎？

如果顧客途中就賣掉，證券公司或理財規劃人員就拿不到基金報酬了，而且還得重新去募集新客戶和舉辦活動，如此一來就得多耗費成本和體力。

因此顧客若能做到長期持有，才是他們希望看到的事情（反之，像股票或外匯交易那樣，因為有些業者能從頻繁的買賣中，賺取手續費和點差[54]，所以他們會鼓勵投資人去做當沖或波段交易）。

成爲下一個巴菲特，可能嗎？

許多支持長期投資的人，都會舉著名的華倫·巴菲特，來做為長期投資能賺到錢的典範。

54原註：Spread，指外匯交易時，「買入價」和「賣出價」之間的差值。

那麼讓我們來調查一下，巴菲特開始投資時，當時的時空背景為何吧。

我認為想要利用和巴菲特相同的方法來賺到錢的話，就需要有和他在資產增加時相同的狀況，作為前提條件。

就拿日本股市來說，如果某人在一九六〇年代買入，然後到一九八九年為止，出清手上持股，應該能得到可觀的獲利。但在泡沫經濟後才進入日本股市的人，有多少是賺錢的呢？

此外，巴菲特所做的事情，可不只是單純的長期投資而已，他還布下了兩、三張安全網，所以很難讓自己蒙受損失。

舉例來說，在金融危機正在蔓延的二〇〇八年九月，由巴菲特領軍的波克夏・海瑟威公司（Berkshire Hathaway，以下簡稱波克夏），以五十億美元（相當於當時的五千億日圓）的金額，買下了由高盛集團（Goldman Sachs）所發行，每年領配息達百分之十的永久特別股。到了該年十月，又以三十億美元（相當於當時的三千億日圓）的金額，買下了由GE（奇異）公司所發行，同樣可以每年領配息達百分之十的永久特別股。

之後，兩家公司的股價仍然持續下跌，過了半年，波克夏從這兩間公司所蒙受的帳面損失，已超過了三千億日圓。

但只要這兩間公司沒有倒閉，波克夏就能從他們那裡持續獲得每年高達八億美元的（相當於當時的八百億日圓）股息。只要過了十年，就能回收當初所投入的資金，之後還能一直領配息。

能夠把握住這種好機會，除了巴菲特本人的功力，還有他所能動用的資金額度。

雖然筆者也覺得可以從巴菲特身上學到很多東西，但只是模仿他的投資風格，不一定就能有所收穫。原因正如我前面所提到的，巴菲特和「單純的長期投資家」，根本就處在不同的量級上。

巴菲特是一位稀世罕見的投資家，**如果有人想運用和巴菲特相同的投資手法來賺錢，這就好像只要創業，就希望自己能成為下一位比爾．蓋茲一樣。**

我並不是要否定長期投資，也不是要否定巴菲特式的投資法。今後，世界上依然會有預期繼續成長的市場，針對這樣的標的進行長期投資，我認為一定是能獲利的。

然而另一方面，處在這個經濟是否持續成長仍不明朗的當代，我希望大家都要記住，「長期投資的本質」已經發生改變。

當代長期投資的本質，我認為是「在自己所認同的價值與市場感受到的價值之間，因認知差異所導致的價格落差獲得修正為止之前，就是不斷地等待。可是一但發現價格出現修正之後，就要立刻獲利了結」。因為如果不眼明手快的話，又會有遭遇暴跌的風險。

05

爲什麼你買基金總是賠？

基金不想讓你知道的事

首先問你一個問題。

任何人都能購買，且規模達一百億日圓以上的一百三十六檔投資日本股市的基金中，二〇〇七年度的投資績效（也就是雷曼兄弟事件發生半年之前的成績）為正的，有幾檔呢？

答案是「零」。

也就是說，這一百三十六檔基金所達成的績效全部是負的。

其中跌幅比例為個位數的只有一檔，其他的基金則全部跌幅超過百分之二十以上。的確，二〇〇七年八月時爆發了次貸危機，日經平均下跌超過百分之二十七．五以上。**看來就連是由專業人士來操盤，也難逃此劫啊！**

在我們有生之年中，景氣時好時壞，每個人都會經歷到景氣循環的過程，因此大家也都知道，景氣的好與壞會不斷重複上演。雖然每個人都知道這件事，但卻沒有人能預期何時景氣會走揚，何時會走衰。

而**投資股票市場的基金，唯有在股價上升時才有得賺**。和保證金交易以及信用交易不同，面對股市下跌時，基金的投資人能做的就只有嚇得吃手手而已，因為沒有採取任何面對風險時的保護措施。

雖然很多人都說「基金最適合投資小白了」，但我一直不懂，基金到底哪裡適合這些新手們了。

舉例來說，我們買了車之後，就能獲得移動時的舒適與便利這樣的好處。購買健康食品來吃，能為自己打造一個不容易生病的身體。

但基金是一種能為我們帶來什麼好處的商品呢？

難道投資人都清楚知道，自己所買的或打算購買的基金在投資什麼嗎？又或者這檔基金在什麼樣的條件下會賺錢，在什麼樣的條件下會賠錢呢？

我們不應該僅憑金融機構和理財規劃人員的三寸不爛之舌來做決定，而是應該在了解「自己在做什麼」之後，才把錢拿出來。

世界成長的中心，新興市場勝率高？

你可能會問，難道就沒有能靠基金賺錢的方法了嗎？答案是「有的」。

想藉由長期投資來獲取利益的重點在於，要對接下來才正要開始成長的目標，搶在他人前面先行投資。那麼標的有那些呢？答案是以中國和印度為代表的開發中國家（即所謂「新興市場」）。

事實上，在網際網路泡沫化以及次貸危機爆發後，就購買開發中國家基金的人，現在大概已經穩定取得一定的獲利了。

根據日本總務省統計局的資料指出，從二〇〇八至二〇五〇年的四十二年間，人口增長率前十五強的國家如下頁圖表所示。**很有可能在四十年之後，世界將會是亞、非洲國家的天下**。

這是因為，只要國家的人口增加，內需也會擴大，如此一來就會刺激經濟發展。而在人口增加後，住宅和道路等都市的基礎建設也得大興土木才行。另外像食品和衣服等，對不同物資的需求也會上升。在這種情況下，企業將會成長，人民所得也會增加，又進一步再擴大國家的內需。

我的朋友圈裡，有人投資蒙古國的礦山開發，有人投資泰國和印尼的股票市場和基金。

2008 至 2050 年，世界人口的成長率預估

人　口

（出處：日本總務省統計局）

	2008 年		2050 年	
名次	國家(地區)	總數	國家(地區)	總數
1	中國	1336	印度	1658
2	印度	1186	中國	1409
3	美國	309	美國	402
4	印尼	234	印尼	297
5	巴西	194	巴基斯坦	292
6	巴基斯坦	167	奈及利亞	289
7	孟加拉	161	巴西	254
8	奈及利亞	151	孟加拉	254
9	俄羅斯	142	剛果民主共和國	187
10	日本	128	衣索比亞	183
11	墨西哥	108	菲律賓	140
12	菲律賓	90	墨西哥	132
13	越南	89	埃及	121
14	衣索比亞	85	越南	120
15	德國	83	俄羅斯	108

2008 → 2050 的預估成長率		
名次	國家（地區）	成長率
1	剛果民主共和國	189%
2	衣索比亞	115%
3	奈及利亞	91%
4	巴基斯坦	75%
5	埃及	58%
6	孟加拉	58%
7	菲律賓	57%
8	印度	40%
9	伊朗	39%
10	越南	36%
11	巴西	31%
12	土耳其	30%
13	美國	30%
14	印尼	27%
15	墨西哥	23%

單位：百萬人

據他們所說，這些開發中國家的開發因得益於外資挹注，所以人民所得在迅速提高。

舉例來說，在印尼首都雅加達，超高層公寓大廈（塔式公寓）正如雨後春筍般出現。每戶平均價格一億日圓，最高層的空中別墅售價六億日圓，和日本國內所謂的「億萬公寓豪宅」[55]相當。

令人感到意外的是，這些高級公寓住宅的文宣竟然還有俄語版本，因為俄羅斯的大富豪們，好像會用現金來此大肆採購。

在日本人的認知裡，雖然對印尼的印象是一個政局不穩定的開發中國家，但該國人口為日本的兩倍，又是能出口稀土的資源大國，所以以歐洲為代表的國外資金不斷湧入。

同樣的情景也可見於蒙古國的烏蘭巴托，外資帶來的開發正如火如荼地展開。其實這一點也不令人感到意外，因為蒙古國本就是個礦物資源的寶庫，只要能對尚未開發的礦山進行開採，一定能讓該國成為世界上屈指可數的資源大國。

資源條件如此得天獨厚，因此以必和必拓[56]為首，世界各國的礦山開發公司和商人們，已經湧進了蒙古國。

投資在這些開發中國家的股市和債券的基金，雖然必須在「（這些國家）沒有陷入政局不安以及沒有大型貨幣危機[57]」的情況下，才能獲利。但我認為**以長遠來看，其經濟成長的可**

能性很高。

另外，非洲國家也是值得關注的重點，但一聽到非洲，不知道大家是否會感到害怕呢？

其實，**越是在眾人都恐懼的時候搶先一步進入市場，才有可能在日後得到豐碩的果實，這一點已經有歷史可供佐證了**。

抓住必定重複出現的趨勢良機

就算是對投資一點興趣也沒有的人，假設他能穿越時空，回到第二次世界大戰結束時的日本，想必也會想購入SONY、本田或松下電器等好公司的股票吧。

也或者，是想要事先買下東京都中心地區的土地或不動產也說不定。

若要問為什麼，那是因為我們已經知道日後日本的經濟會開始發展。**投資開發中國家雖然多少得面臨一些風險，但好的標的物那可是俯拾即是**（只是目前對土地等不動產交易仍有

55 原文作「億ション」，是每戶要價高達一億日圓以上的高級分售公寓的統稱。

56 BHP Billiton，世界最大綜合礦業公司。

57 Currency Crisis，指匯率變動超出某國家可承受的範圍。

機會在開發中國家！

日本於經濟高度成長期時發生的事，正在開發中國家上演

限制的國家還不少，外國人往往無法參與買賣）。

不知道各位是否有看過《ALWAYS幸福的三丁目》[58]這部電影？

在日本昭和年代的街頭，只有一部分有錢人能乘坐黑色轎車，一般民眾幾乎都是以自行車或機車作為代步的交通工具。

和當時的日本相同的風景，現在哪裡還能看得到呢？

沒錯，就是不久前的中國，然後是今日的孟加拉和越南。接下來相同的情況，可能會在剛果民主共和國（二〇五〇年人口預測為一億八千七百萬人）和奈及利亞（二〇五〇年人口預測為二億八百九十八萬人）上演。

當然，因為還是開發中國家，有些國家接下來或許還得遭遇好幾次經濟危機的洗禮。

但也正因如此，對這些國家進行長期投資，就跟投資高度成長期的日本一樣。能獲得相同的效果。投入資金後放著不管，還能獲得報酬的機會，就在這裡。

58 ALWAYS 三丁目の夕日，劇情背景設定於日本昭和年代（一九五八年），呈現出當時的庶民生活。

06

投資金融商品的不敗思考法

想贏就要學習（反覆學習、實踐與驗證）

北島康介[59]為什麼能在運動場上奪得金牌呢？那是因為他做了能在比賽中幫助自己獲勝、奪牌的種種練習與訓練。

同樣的，為了能在投資上獲利，我們也需要積累學習、實踐與驗證的經驗。會認為「投資很危險」的人，不過是沒有練習如何獲勝而已。

研究投資，就像做實驗

有關投資的理論可謂百家爭鳴，但根據投資時間和預期報酬的不同，能起到作用的方法也不相同。

因為世界上並沒有放諸四海皆準的投資方法，因此當我們在模仿他人的投資方法時，還需要對這種方法在什麼情境之下有效、在什麼情境下無效，做一番驗證。

世界上並不存在「優良」的投資法與「糟糕」的投資法。

只有優良的投資人與糟糕的投資人而已。

能夠「等待」，才是強者

在有關投資的書裡，我們經常會看到這樣的話：「比起法人和投信，散戶較前者有利的其中一個條件，是可以退場休息。」

然而要理解「休息」的本質並採取相關的行動，實踐起來並不容易。

「休息」這個詞給人的印象，有種喘口氣的感覺。當然，遇到市場前景未明、盤面上下大幅震盪，或忙於工作無暇關心股市的時候，散戶可以賣出手頭的股票，過著股票市場「於我何有哉」的生活。

但「休息」真正的意思，其實是**「盯緊下一次進場的機會」**，這是一種高等的戰術。為

59日本前男子游泳運動員，曾於二〇〇四與〇八年，兩度在奧運會上奪下一百公尺蛙泳與二百公尺蛙泳的金牌。

什麼說是「高等」呢？因為大多數的人是「等不了」的。

當市場上熱火朝天，我們又在媒體上看到「日經平均指數再創新高」、「比昨天上漲N點，或可視為景氣回溫的徵兆」這樣的標題時，心裡容易產生「我不想錯過這次機會」的念頭。

於是，雖然市場上已經漲了一波，但因為自己心裡認為「或許還會再往上攀升」，所以按捺不住就進場了。

一個健康的市場在擴張時，所呈現出來的應該是緩漲的態勢，但在泡沫經濟崩壞之前所呈現的，卻是一個陡升的走勢。我想，這應該是那些「凍未條」的散戶們爭先恐後搶著進場所造成的結果吧。

遇到上述這種情況時，投資人應該要選擇出清手上的持股。當市場表現開始下滑時，那些受到驚嚇和無法忍耐的投資人就會開始拋售股票，造成股市下跌加劇。此時因為你已經在之前獲利了結了，等到股市暴跌股價變便宜的時候，再輕鬆進場大採購就行了。

不要受到周圍的影響，**運用「等待」這種高等戰術，為自己創造下一個投資機會**。

不要著急，新的機會一定會來。

市場大崩潰，投資大良機

順著上一段的脈絡來看，股市崩盤時才是真正的機會。因為當人們感到恐慌時，會盲目地拋售股票，於是許多股票的價格就會跌到它的價值以下，引發市場上的過度反應（Overshoot）。

當遇到這種情況時，投資的理論原則就能派上用場了，亦即「人棄我取」、「逢低買進」。在你進場時，市場或許多少還有下跌的空間，遇到這種情形時，就是多忍耐。

布好局之後，接下來就是慢慢等待市場回春了。等到市場恢復後可進行獲利了結，然後再等待下一次機會的到來，要做的事只有這樣而已。

總的來說，就是**賺了就跑，且戰且走**（Hit And Away）。

我在利用「股市暴跌時進場大量買進，行情恢復時獲利了結」這個原則來投資股市時，未曾嘗過敗績。

最後，相信你已經知道，根據這個條件，適合進場的時間點其實並不多，有時得經過數個月或數年才有一次，所以在機會來臨前，就是等待。

運用五感來確認的生活投資學

世界級的知名投資家吉姆．羅傑斯（Jim Rogers）經常往來世界各地，藉由拜訪不同的企業和礦山，來判斷是否有對其進行投資的價值。

我們同樣可以借鑑羅傑斯的做法，利用五感來選擇適合的投資標的。雖然只靠分析數字來挑選投資對象也是一種方法，但**自己也應該試著當一名消費者，去實際購買商品，或親身體驗一下服務**。

如果一間企業的商業模式，是販售消費品或對一般消費者提供服務，我們就能到實體店面去實際體驗。例如走進優衣庫（Uniqlo）店裡，就能看到該公司的成衣商品；或者是去吉野家，品嘗一下它們提供的餐點。

堅持用消費者視角來檢視！

要是碰到了不錯的產品，除了能親身體驗到「這間公司很拚喔」的感覺，也能進一步評估這間企業是否還有成長的可能性，來考慮將其列入投資標的。要是感覺到產品的品質有所下降，也可考慮出脫手上對該公司的持股。

投資這檔事，基本上就是一個人的獨斷與偏見。所以得出的結果，往往會因人而異。若是自己的偏見與其他人的偏見差異越大，那麼能夠從投資中獲利的機率也越高。學會善用自己的五感，來感受外在的事物吧！

這麼一來，你就會對企業的商業模式產生健全、知性的好奇心，想要做更一步的認識，而這點是僅靠圖表分析所做不到的。

投資新興市場前，請記得「眼見爲憑」

冰島曾因債務違約[60]，讓該國原本受到世人吹捧、收益率高達百分之十的高收益國債，瞬間變成壁紙。

---

60 二〇〇八年全球金融海嘯，冰島三大銀行在一週內相繼宣布破產，股市重挫，匯價崩盤。然在冰島政府的強硬介入下，經濟於五年內重回正軌，是少數在短期內恢復經濟成長的國家。

會購買冰島債權的投資人，難道真的都了解這個國家嗎？

投資其他開發中國家也是一樣的，我們要前往當地，用自己的眼睛、耳朵和皮膚去感受，這個國家的成長是否值得期待。唯有當自己看好該國之後，才去做是否要投資的判斷。

一個國家的潛力，唯有實際到當地親身體驗後才會知道。

因此我認為，**如果投資人不去或不想到當地的話，也就應該要有不對該國進行投資的勇氣才是**。

開槓桿前要三思，別只讓有錢人笑到最後

因為日經平均指數、外匯市場和期貨買賣等，在交易時都可以開槓桿，所以能在一瞬間創造巨額的財富。

然而槓桿是一把雙面刃，當槓桿的方向與投資人所擁有的部位背道而馳時，事先投入的保證金就會被吃掉，之後還有可能遭遇到更大的風險。

為預防這種事情發生，投資人就需要追加保證金，或者被迫選擇停損（或稱止損）。

像這樣的交易，有錢人通常都是最後的贏家。

為什麼有錢人能笑到最後呢？因為他們有能力投入更多的保證金。

沒有一個市場的行情只跌不漲或只漲不跌，就算是遭遇暴跌的情況，之後還是會出現反彈行情。

沒有錢的人之所以會輸，是因為他們沒有能力追加保證金。就算能追加個一次、兩次，也無法承受三次、四次。如此一來最後只好脫手自己持有的部位，讓保證金全部打水漂（如果採取反向交易，雖然還能撐過一段時間，但也得面對難以脫身的風險）。

但是，有錢人能藉由不斷追加保證金的方式，保護自己的持有部位，挺過市場暴跌的危機，等到市場恢復之後再把獲利放進口袋，就算選擇在市場沒有完全恢復時出場，也能透過這個方法，最大程度降低自己的損失。

因此，這麼做或許會令人感到很無聊，但與其想著要一攫千金，不如運用少額資金，放慢腳步、穩扎穩打來增加自己的財富還比較好。

事實上，**能讓自己賺到錢的投資方式，本來就很無聊**。

透過商品期貨，看見別人看不見的未來

目前在投資領域，我最關注的莫過於商品期貨交易了。

有人在原油價格高漲時，靠購買汽油期貨在一星期內賺到兩百萬日圓，還有人在像現在

這樣經歷不景氣之後，因購買鉑（白金）期貨，半年就獲利四百萬日圓。

據說更有上班族以三百萬日圓的本金進場，二〇〇八年時搭上鉑價高漲的順風車，僅短短半年就獲利一億日圓。

商品期貨交易對一般人來說，有著「高獲利、高風險」的印象。確實，像黃金或鉑在交易時，槓桿都可以開到一千倍，而原油和玉米的槓桿也可高達五十倍之多。

既然如此，為什麼我還會想從事商品期貨交易呢？

原因之一，當然是看中了今後資源需求的增加所能帶來的利益。但最主要還是因為「**透過商品期貨市場，能讓我一窺普通人所看不到的世界**」。

石油是最明顯的例子，它就像鯨魚一樣，所有的成分都能被當作原材料和燃料來使用，沒有半點浪費。

不論是要生產混合動力車、製作太陽能電池板或建設發電廠，都需要用到石油。從結果來看，想要做到節能環保，最後還是得依賴石油才行。

另外，在混合動力車和手機裡，因為都會使用到鎳、鈫等稀土金屬，所以在生產這些先進技術製品時，也要用到地下資源。

而鉑不僅是貴金屬，它還被拿來做為觸媒，用於淨化汽車所排放的廢氣。另外像黃豆和玉米，除了可以當作製造產品的原材料，還能拿來當成飼料和燃料使用。

因為商品期貨和我們的經濟與生活緊密連結在一起，所以只要觀察商品期貨的行情波動，就能知道經濟的走勢。

雖然很多人都說「商品期貨交易的風險很高」，然而因為這些人都只把焦點放在風險上，所以無法一窺堂奧。

正因為大部分的人無法透過商品期貨市場來抓住經濟的脈動，所以我們才能藉此挖掘出不同的資訊和觀點，拉開與其他人之間的差距。

07 股海茫茫，怎麼買才賺？

業餘投資人也能看出市場扭曲嗎？

大家有聽過「效率市場假說」[61]嗎？在這個假說下，因為市場上有許多專業人士在彼此競爭，所以只要一出現價格便宜的商品，這些專業人士就會立刻盯上這些商品，對其進行買賣。如此一來，市場扭曲[62]就會修正，商品的價格也會收斂至合理範圍內，因此扭曲不會放著沒人理。

這些從事金融工作的菁英們，每天都是殺紅了眼，從事各種分析，不斷在市場上尋找價格被低估的股票和商品。

那麼，能運用的時間和投資能力都不如這些專業人士的普通老百姓，有可能贏過這些高手嗎？

答案是，我們確實「能超越他們」，但「難度頗高」。

理由在於，**投資是由個人的獨斷、偏見與感情所驅使的行為**。

有些人覺得某個東西很有價值，但另一些人卻可能會棄之如敝屣。

我開始購買不動產始於二〇〇三年，當時社會上仍有不少人還認為投資不動產很不靠譜。但因為金融機構對不動產所提供的融資相當積極，所以讓我能在短期內買下幾間房子。之後因融資緊縮，市場隨之於二〇〇七年開始萎縮，這次的市場扭曲花了五年時間才修正過來。

二〇〇七年年初，在我注意到「任天堂好像還不錯」的時候，其一股的價格在三萬日圓上下，當時我覺得有點貴，就沒有出手。然而不到一年，任天堂一股飆漲到了七萬日圓，這次我就沒能看出它的潛在利益了。

沒想到在那之後，任天堂的股價又遭遇一波暴跌，被打回原形。若能善加利用任天堂這檔股票的市場扭曲，就能從中大賺一筆，反之，也可能蒙受巨額損失。

---

61 由美國經濟學家暨諾貝爾經濟學獎得主尤金・法馬提出。該假說假設市場投資人均聰明理性、追逐獲利，且市場資訊會迅速被所有投資人得知。在此情況下，投資人會根據資訊即時買賣，股價也會隨著市場修正，符合其內在價值，不會被高估或低估。最終投資人的收益也會彼此接近，整體趨近於大盤的報酬率。

62 Market Distortion，此處指市場在供需力量之外，有其他任何因素可對價格產生顯著干擾的情況。

正如前文所述，當我們在觀看同一件事物時，只要所戴的眼鏡不同，所看到的東西也會完全不一樣，而市場的扭曲正藏在裡頭。

買的不只是股票，更是企業的價值

投資不動產時，不只要從「這個物件能在將來為我創造出現金流」這一點中來找到其價值，與此同時，以「不只是買房子，而是買下一個生活圈」的觀點來看待這件事也很重要。

投資股票也是如此，除了要從「這間企業能在將來為我創造出現金流」這一點中找到其價值，與此同時，以「不只是買股票，而是買下一間企業」的觀點來看待這件事也很重要。

我希望你能對自己投資的企業，思考以下幾個問題：

一、這間公司靠賣什麼來賺錢？↓能夠理解這間公司的商業模式

二、和同業相比，它強在哪裡？↓認識公司的護城河

三、今後這個強項是否還能繼續維持？↓公司是否有應對環境變化的能力

四、你能否描繪出該公司股價會因何上漲的故事？↓是否能預見公司的股價與其價值之間的落差、進而出現修正的劇本

關於第一點，若這間公司的商業模式你無法理解，就不要出手。

關於第二點，重點要看的是，這一間公司是否有著其他公司難以模仿的強項，像是麥當勞，就擁有一套世界上最佳的食材、器材採購系統、完整的員工教育規劃以及展店地點分析系統等。

關於第三點，重點要看的是，你所投資的公司是否有像經營優衣庫的迅銷公司那樣，擁有一套能對應環境變化，不斷在市場上創造出女性服飾、內衣、牛仔褲、鞋子等各類流行商品的機制。或者像經營東京迪士尼樂園的Oriental Land那樣，完全不受外在環境影響，擁有僅此一家、別無分店的獨特魅力。

而在這四個問題裡頭，最重要的莫過於第四個了。

假設目前的股價，明顯遠低於你所認同的公司價值，但你相信之後「會有很多人發現到這間企業的魅力，然後市場上將會出現能推升股價的消息」。

當你能夠描繪出這樣一幅願景時，只要透過中長期持有該公司的股票，能夠從中獲利的可能性就很高了。

要買就買「想把孩子送進去工作」的公司

選擇股票時，只有當你買的是自己也支持的公司，才有可能做到「就算股價下跌也不在意」。這可說是最純粹的一種投資方法。

當自己支持的公司股價跌到一定價位時，就大量買進該公司的股票，然後就忘了它，持有這檔股票幾十年，領它的配息。

在我認識的人當中，聽說有人會去購買「希望自己的兒子能在裡頭上班的公司」的股票。如此一來，當該公司的股價上升時他會感到高興，而當股價下跌時，他也會轉念，認為「進場的時機又來啦」，毫不猶豫立刻攤平買進[63]。

投資若能像這樣，或許就能平心靜氣地抱住自己手上的股票。

選股好困擾？不如選日經二二五指數期貨

有人認為沒有經驗的投資新手，可以從股票市場入門，但我認為，股票市場對投資小白來說其實並不容易。因為一間公司的業績未必會與其股價連動，不容易去做判斷。

從這層意義上來看，**投資股票的難度相當高，我認為投資新手還是避開股票會比較好。**

另外想必有人會認為，市面上如果沒有自己感興趣的公司，那麼去研究個別公司的企業評價，還得花上不少時間，相當費事。

如果遇到這種情況，倒是可以考慮一下「日經二二五指數期貨」[64]。投資「日經二二五指數期貨」既不用挑選個股，也不用追蹤個股的新聞，只需關心日經平均指數的趨勢就夠了，相當輕鬆。還不用擔心公司倒閉的風險。

而且投資人不管是想做多（買進）還是做空（賣出），都能進場。不論遇到牛市或熊市，都有賺到錢的機會。

訣竅在於，不管是在進場買進或獲利了結時，都不要一口氣動用到全部的資金，投資人要在資金留有餘裕的同時，進行分批交易。如此一來就能透過時機點的分散，實現與平均成本法相同的避險功能。

因為投資「日經二二五指數期貨」也能使用槓桿，所以當市場走勢與預期相反時，可能會蒙受不小的損失，這是需要注意的地方。如果覺得風險有點大、很可怕的話，也可選擇只

---

63 原註：當自己所持有的股票股價下跌時進場加碼購買，藉此降低交易的平均價格。
64 原註：「日経225先物」，由日經平均指數（日經二二五）所組成的指數連動型期貨交易。

要「日經二二五指數期貨」十分之一金額就能進場的「小日經二二五指數期貨」[65]。

投資外幣，要有不換回的打算

因為我們無法預測匯率的走勢，所以不該只以高利率做為投資外幣的標準。無論能獲得的利率有多高，相比於匯率變動所帶來的影響，前者實在不值一提。如果投資人最終打算把外幣換回日幣，那麼就會受到匯率所帶來的影響。

為了讓匯率變動的風險降到最低，**應該以「不換回日幣」或「沒有換成日幣的必要」為前提，用這種方式來購買外幣**。

當然，如果遇到日幣貶值到比購買外幣時還低的情況，要換回日幣也不是不行，但我希望大家要先有不換回日幣的心理準備後，才投入資金。

那我們所購買的外幣能用來做什麼呢？例如到該國旅行時，就能拿來當作旅遊資金，也可拿來用於孩子想要留學時的學費或生活費。

總之就是在該國使用當地的貨幣。

如果考慮做低風險的外幣存款，可以選擇自己有機會在當地使用的國家貨幣。例如會想去旅行，或老了以後想在那裡過生活，或是想送孩子去留學的國家等。

像我就有購買紐西蘭元（NZD），去紐西蘭旅行時會在當地使用，還會用紐幣來購買該國的不動產，今後也沒有換回日幣的打算。

因此，匯率的風險和我也就沒什麼關係了。

幾乎百分之百獲利的外匯交易法

外匯交易是一種進場門檻較低的金融商品，但想要藉此來持續獲利卻沒那麼容易。雖然市面上已經出現像是能自動交易的工具了，但現實並沒有那麼簡單。

想要靠外匯交易來賺錢的方法有很多，這裡筆者想來分享一下，我自己實際操作中，幾乎百分之百能獲利的方法。

我的方法，基本上就是**「在暴貶時買入，然後放著等換匯點數」**。

外匯交易的迷人之處，本就在於只要能妥善操作賣與買，不論在牛市或熊市裡都能夠賺到錢。但因為我們無從得知短期內的匯率到底會如何上下波動，而且還有主業的工作要做，

65日文作「日経225ミニ先物」，中文或稱「MINI日經」。

實在沒有時間能時刻關注。為了減輕操作上的負擔、讓自己安心，所以我只做買進（因為如果是賣的話，就得支付換匯點數）。

當然，因為我只買不賣，**為了提升止損能力，投入的資金就得壓低到不超過保證金才行。**如此一來，同時享受到匯兌收益和換匯點數兩邊好處的可能性，就會大幅提升。

以我自己為例，我在二〇〇九年一月，一紐西蘭元為四十七日圓、以及一澳洲元（AUD）為六十一日圓時做了買進。截至年底已出現二十日圓以上的匯兌收益了。

08 有土斯有財，不動產的投資法

不動產是財富積累的新標準

藉由〇八年金融風暴的洗禮，能讓我們看清一件事。

那就是在所有能作為資產運用的商品中，獲利穩定性最高的標的是不動產，亦即買下物件後再租出去的這種盈利模式。

我自己手上的物件以及公司顧客所保有的物件，**在經歷次貸危機和雷曼兄弟事件後，幾乎沒有受到任何影響，還是穩定地幫我們賺取房租**。

雖然不動產的價格確實有下跌，但和地產開發商以及轉售商不同的是，因為我沒有要脫手的打算，所以一點也不在意這件事。有些人會擔心房子不容易換成現金，但因為我是用手頭剩餘的資金來投資，所以也沒有急著要賣房換現金的必要。

當然，不動產業界並非完全沒有受到影響，辦公室和店鋪等商用物件隨著企業倒閉，以及使用高級出租公寓的外資公司員工遭到裁員等，都讓空屋增加，租金也隨之下跌。

但像我們這種貼近一般生活的普通租賃物件的房租，卻幾乎沒有改變。試問各位，有人因處在目前不景氣的環境下，房租從一個月十萬日圓（約兩萬六千元新臺幣），降到半價五萬日圓的嗎？我想應該沒有吧。

因為不論景氣好壞，每個人都需要有一個棲身之處，所以**只要在好的地段擁有一個出租價格合理的物件，就算目前還是空房，肯定很快就會有人來詢問的**。

忙著買進賣出、緊盯市場動向、為了賺錢而四處奔波，以上這些事情我一項也沒有做，但自己的銀行戶頭，每個月都能收到房客們匯進來的房租。

直到目前為止，我依然覺得投資不動產是很好的選擇，這件事雖然我在以前出版的書裡也曾提到過，但經歷過這次金融風暴後讓我更加堅信，投資不動產是個人累積和運用資產的新標準。

不靠運氣和才能也有得賺

我在前面提到，自己嘗試過股票、外匯交易、外幣存款、商品期貨以及日經二二五指數期貨等投資，親身體驗過每一種金融商品的優缺點，也曾經歷過投資失敗，賠了不少錢。

或許從專業的投資人來看，他們會認為「你是因為能力不足才會賠錢」，我完全不否認這樣的批評。反過來看，這就意味著是否能透過金融商品來賺錢，會受到個人手腕所影響。

相對的，**不動產卻不太需要依賴個人的能力**。我所擁有的物件，房租價格不容易下降，若是有人遷出，不久後又能找到新的住戶，這些事情都不需要我特別去付出什麼努力，當然也不是因為我的能力有多麼優秀。

因為物件優秀，所以才會有人想要向我租屋。因為可以委託給優秀的不動產管理公司來經營，所以能讓自己的房子維持較低的空屋率和較高的房租。

這個道理也**和招募到優秀的員工，就能讓公司順利運轉起來一樣，只要選對了優秀的物件和管理公司，之後一切就有如順水推舟。**

與股票和外匯交易相比，投資不動產的確需要花比較多的錢，但也因為進場門檻較高，所以在買到門票以後，就輕鬆多了（當然，前提是投資人買到的不是品質低劣的物件，或者因為貪心而把房租設定得比市場價格還高）。

不具有再現性的投資建議，一點參考價值也沒有。而不動產正是一種成功再現性較高的投資選擇。

精於當沖的神祕股神，也在投資不動產？

就算不提大名鼎鼎的羅伯特．清崎，世界上許多靠創業以外手段獲得鉅額財富的有錢人，手上都擁有不動產。

在日本，除了像島田紳助[66]這種名人外，為數眾多的藝人、職業運動選手、公司經營者和資產家們，手上也都擁有不動產。

例如某位知名的女性占卜師，手上就握有好幾間汽車旅館。我的公司所服務的對象裡，也有許多大家都認得的知名藝人。

另外一個有名的例子是，因瑞穗證券的股市交易失誤，而暴賺了二十億日圓的「J-COM男」[67]，他在日後也花了九十億日圓，買下位於秋葉原車站前的商辦大樓。

雖然這只是我個人的推測，但「J-COM男」應該是想從不穩定的股市，把資產配置的組合，轉向安定的不動產吧。

當一個人擁有像他那樣的資產規模，自己所買入的部位都可能會讓市場受到影響，這也會對其資產的運用帶來不穩定的因素。

根據總務廳統計局所公布的平成二十年（二〇〇八年）住宅、土地統計調查資料顯示，家庭年收達一千五百萬至兩千萬日圓者，所擁有的租賃用住宅個數，平均為每戶六．六間；

年收兩千萬日圓以上的家庭，平均則為九・一間（下頁圖的數據，則是依家庭年收分級呈現的他用住宅所有率）。

由此可知，**高收入者花錢購買出租用的房子，可是一點也不手軟**。

這也就是為什麼，對於高收入但股市交易受限的金融機構從業人員，以及被禁止從事副業的公務人員來說，房地產投資一直備受他們的青睞。

不要看輕自己的判斷

除了不動產投資，市面上還有許多關於「錢」的書籍，且每本書的作者所說的內容還完全不同。我也只是這類作者中的一員而已。

但這並不意味，某位作家筆下所寫的是正確的，而另一位則是錯誤的。

差別只在於，書中的內容「對某人來說是正確的」以及「在什麼時間點是正確的」而已。

---

66 日本知名搞笑藝人，二〇一一年後因牽涉暴力組織事件引退。

67 本名小手川隆，網路暱稱B.N.F，日本知名股票當沖客，也是J-COM事件的最大獲益人。二〇〇五年十二月，瑞穗證券誤將J-COM公司股票的賣出委託「每股六十一萬元，賣出一股」設為「每股一元，賣出六十一萬股」，瑞穗證券因此虧損近四百億，日經指數當日也大跌三百點。

這就跟請自己身邊的十個人來畫貓，畫出來的十張畫長得都不一樣，是同樣的道理。

與此相同，對於「不動產投資」的看法，當然也會因人而異。正因每個人在這件事情上的經歷都不一樣，所以在認知和思考方式上自然會存在差異。

隨著時代變遷，觀點還會發生變化。在本書執筆時被認為「是」對的事情，可能因為環境改變，結果就變成「錯」的了，像這種事情早就屢見不鮮。

事情沒有絕對，「真理」也不止一種解釋。例如對我來說所謂的

家庭年收入越高，擁有「出租房」住宅的比率就越高

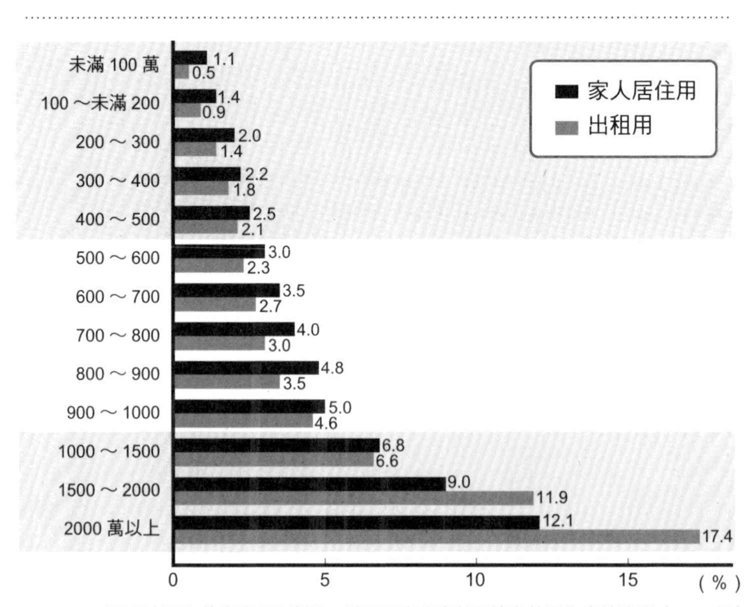

※ 日本國內依家庭年收劃分，除現下自住宅外所擁有他用住宅的比率（2008 年）

「真理」是，投資不動產「是為了讓自己去做想做的事情所做的鋪墊」。而對另一個人來說，他的「真理」可能是繼承家業。又如挑選不動產物件時的標準，我看重的是「安定」，有的人則看重「收益率」。

不論是每週都去看好幾間房子，和賣家反覆進行交涉，然後讓自己像裝修工人般，花上好幾天時間去翻新以便宜價格入手的破房子，把它整理得看起來煥然一新；或者單純透過轉賣物件獲取高額的利益，這些無不是投資的方式。

因為**「對我來說」**，還有很多想要去做的事情，沒有多餘的時間花在投資不動產上。因此就算犧牲一點收益，我在購屋時還是會挑選入住率能維持在高水準、位於一等地段的物件。

可是**「對其他人來說」**，沒有高收益率的投資就不香了，因此他們願意花費時間和體力，為追求高報酬而採取相關的行動。

是的，上述這兩種做法都正確。

做法沒有好與壞，只有我們如何去選擇自己想過上什麼樣的人生、想採取哪一種投資風格，以及該聽取誰的意見而已。

說到底，最後得為這一切負責的，還是自己。

重視安定勝過收益的投資策略

距今二十年前[68]，有人能預料到網際網路的問世嗎？有人能猜到如今每個人無不人手一支手機的盛況嗎？

雖然時代的變化著實令人難以捉摸，但房仲業一般來說，都是以二、三十年的長週期在做經營。

也就是說，儘管二、三十年後會發生什麼，難以預測，但房仲業得努力應對時代所帶來的變化，才能持續生存下去。

我們有可能會遇到，自己擁有的物件附近新開通一條道路，導致原本的人流大量流失。還有可能碰到車站另一頭因土地重新規劃，導致這一邊的人氣漸失，造成房租大幅滑落的情形。

事實上，本來預期要租給在工廠上班員工的郊外公寓，有不少現在都沒人入住。如此一來，不論購入之初的收益有多麼高，只要無法繼續維持，那就沒意思了。

這就是為什麼，我會挑選位於東京都心的車站附近的物件出手。如果連關東地區都不行了，日本應該也差不多了吧。雖然遷都的話題時不時會跳出來吸引一下人們的目光，但我相信直到大家繳完房貸之前，日本的首都依然是東京。

當然，事情沒有絕對。**但因為我們無法預測未來，所以現在還是應該做比較穩當的選擇。**

固然，房子買在人氣聚集的地方，價格當然會比較高，收益也會比較低。

至於在收益和風險之間該取得什麼樣的平衡，就有待個人做判斷了。

不動產中可沒有「撿到寶」這種事

有些人喜歡在房市裡「尋寶」。

但投資人若想增加手頭上的物件，那麼，從現有市場中，挑選出與自己的目的相符、卻稍微打了點折扣的物件，會是比較實際的做法。因為如果不這麼做的話，可能就得花好幾年的時間，來找尋那隻青鳥。

就算房子西曬，只要租金便宜，或許就能吸引到「租屋就是圖個能睡覺的地方」這樣的年輕男性上班族。而女性可能會選擇的房子，則是「雖然離車站有點距離，但途中不會遇到上坡和交通號誌，還有能穿越商店街的道路，不會感到路途遙遠，在夜晚也能安心通行」。

這個社會上有許多不同的生活風格，每個人對生活的需求也不一樣，尤其在大型的都會

68 以本書出版的年代回推，約是一九八〇年代末期。

圈裡，更是聚集了各式各樣的人。

因此，我們不妨去想像一下這些人有著什麼樣的需求，**只要能提供對他們來說具有魅力的租賃物件，那麼不管在什麼時代，都可能把房子全部租出去**。

反之，如果你碰到了一個條件相當好的物件，可是價格卻遠低於市場行情時，在迫不及待掏錢購買前，應該反思一下賣家在想些什麼才是。

不管是哪一種類型的賣家，都不會在沒有任何理由的情況下，願意賤賣自己的物件，哪怕只是多賣一萬日圓也好。我是這樣的人，相信你也是。

說實話，所謂預估收益較高的物件（亦即以便宜價格出現在市場上的物件），背後應該都有它不得不以低價出售的理由存在，這點並不難想像。

例如房子太舊得花一筆修繕費、很難租出去、當地人口減少或地方上的工廠關門了等等。

要注意，買到便宜的不動產並不是我們的最終目的，不要最後反而讓自己得不償失。

因爲有上班，想當房東更簡單

我經常在研習會或演講等場合，這麼告訴大家：

「在接下來的時代裡，不論你的年齡、性別及職業為何，不管是哪一種人，都需要擁有就算不工作也能得到的『安定副收入』」。只要能實現此目標，就能獲得這樣的人生：

- 只做自己喜歡的事，不用去做討厭的事。
- 就算去挑戰新事物，也無須擔心是否會失敗。
- 不會因為沒錢，而放棄某些事情。
- 可供選擇的項目增加了，且能由自己來做選擇。
- 能用在自己身上的時間增加了。

而為了達成這個夢想，其中一種做法就是投資不動產，然後你就可以等著**收穫「自由」**。

話雖如此，應該還是有不少人會覺得「不動產和自己沒什麼關係」吧。

然而在生活中，不動產和我們之間的關係其實相當緊密。例如為了生活所需，不論你是要租屋還是買房，都得去找不動產業者。想找一個開店的地點或辦公室來展開自己的事業，也得和不動產公司打交道。

儘管明明是距離自己那麼近的事物，但只要和「投資」產生關聯，就往往覺得和自己八竿子打不著關係。也或許正是因為靠得太近，所以才會更感艱難吧。

我自己還在公司上班時，就已購得十件公寓套房，有的是社區型公寓，有的則屬獨棟公寓，每個月能到手的租金收入有一百萬日圓。

因為一年租金收入已超過一千萬日圓，所以自己不用再為了五斗米折腰，只要不去過奢華的生活，就算不工作也能養活自己了。

為什麼我能做到這件事呢？

因為我曾是個上班族，亦即公司員工。

正因有上班族的身分→透過申請房貸，可以只用占房價一成的頭期款，來購買高價的不動產物件（現在需要兩成）→買下物件後，就能夠收房租了。

簡單來說，就是這麼一回事。

事實上，「公司員工」這個身分相當好用，然而許多人其實並不知道，**「公司員工這樣的身分，能夠產出經濟上的價值」**。

於是乎，不知道這件事情的人，和懂得活用這種「特權」的人之間，就產生巨大的差距。

第四章

聰明用錢的能力

01 學會有價值的用錢方式

懂得花錢，就不會被錢擺弄

在有關錢的能力中，最重要的可以說就是「用錢的能力」了。

不論你是否願意，我們每個人都生活在一個會讓錢循環流動的社會體系之中。反過來說，不使用金錢的人，就等於脫離了這個社會體系。「錢是經濟的血液」，這句話所言甚是，錢唯有循環才能發揮出它的作用。

正如水不流動就會腐臭，一個人的錢要是沒有使用、停止循環的話，那麼他也不會收到新的錢。

這種人稱不上是有錢人，只是單純的「守財奴」而已。

我們可以看到，日本有許多老人家在銀行或郵局帳戶裡存了好幾千萬，這些老人家為了在發生萬一時可以應急，一直忍著沒有去動用這筆錢，結果許多人往往是在身懷鉅款的情況下過世了。儘管大家都知道錢帶不到另一個世界，但不安感卻讓他們做出了這樣的選擇。

而知道如何善用金錢的人，在他們身邊則會產生好的循環，在不知不覺間，錢還會越滾越多。

因為「守財」這種行為只會阻斷金錢的循環，所以這麼做的人，當然很難讓錢靠近他。

某位我尊敬的大富豪，曾用這句話點醒了我：「錢這種東西啊，就像臉盆裡的水。」一個人越是想用手把錢往身上攬，錢就會從他的胳肢窩流出去，相反的，唯有把錢花出去，才有可能讓錢再回到自己身邊。

雖然俗諺說「吃虧就是占便宜」，但我既想專注於眼前的小利，也希望能捕獲日後的大魚。

聰明消費，讓你的世界動起來

如果每個人都把錢給存起來的話，這樣錢和商品就動不了了，結果就是經濟無法循環而陷入停滯。因此當其他人都不花錢的時候，我們更應該反其道而行，這麼做才能為經濟注入活水。

透過花錢，才有可能讓周圍的環境活絡起來。

例如你要是刊登廣告，看到廣告的人就會和你聯絡。如果去專門學校進修或參加研習會，則能提高自己的能力。藉由和你想見的人來一場餐會，就可以拓展新的人脈。

只是把錢存起來，什麼事也不會發生；但若是把錢花出去，就會影響到其他人，自己的世界也會隨之海闊天空。

把錢用在自己身上，可以提高個人的能力；把錢花在其他人身上，則能創造與他人的連結。在現代社會中，**我們透過一邊用錢，一邊打造自己的人生**。

走進書店一看，你會發現有一大堆關於股票和外匯交易的書，琳瑯滿目地排在架上。當然，拙著也是這類型的書。但我發現到，市面上教人如何用錢的書籍，其實非常稀少。雖然大家都很關心如何存下或增加錢，但卻幾乎對錢的使用方法興趣缺缺。或者說，根本就認為花錢是一件很簡單的事。

確實，要浪費錢是一件很簡單的事，但要把錢用在改變自己的人生、對人做出貢獻或提高用錢的滿足程度上，卻比想像中要難上許多。

其實比起賺錢，更重要且困難的，是如何花錢。只要有錢就能讓人生過得舒適又富足，這句話基本上沒有問題。但這個世界上卻有不少人，雖然擁有的錢比一般人多，可是他們對自己人生的滿意度，卻比一般人來得低。

錢是種不容易使用的工具

金錢說到底只是一種工具。不管這種工具有多麼厲害，若不懂得使用的方法，那麼也只是糟蹋好東西而已。如果錯用的話，還有可能招致「小氣」、「吝嗇」、「一毛不拔」等揶揄。

養老孟司[69]先生曾說過，「賺錢不需要教養，但用錢卻需要」。

在現今的日本社會，一個人只要不挑三揀四，工作機會俯拾即是，因此每個人都有賺錢的能力，真正困難的是如何用錢。

因工作性質，讓我有機會認識許多社會上所謂的成功人士，或想在商業領域闖出一片天的人。**這類人和其他人之間的差異，其實只在「錢的使用方法」這一點上。成功人士用錢的方法相當「灑脫得體」**[70]，碰到該用錢的地方，出手毫不猶豫，但卻不會把一毛錢花在沒有意義的東西上。可以說，他們所用的錢是「活」的。

反之，窮人的用錢方式就很寒酸了。

---

69 養老孟司為日本著名的解剖學者，東京大學名譽教授。著作豐富，出版的著作經常能成為日本社會的話題。

70 原文作「粋」（いき），為一種日式的審美觀，中文不容易做精準的翻譯，依文字脈絡可譯為洗鍊、灑脫、有格調等。

他們就連一點零頭也斤斤計較，明明是自己約人出去吃飯，還要跟別人各付各的。到國外旅行時，連小費也捨不得給。甚至在匯款時，只付扣除手續費後的金額。

因為這種人把小氣落實到方方面面，所以腦海中也只留下對事情斤斤計較的回憶。從結果來看，使用的明明是相同的錢，但在這裡，錢卻是「死」的。

反正金額相同，就要把錢用「活」！

在社會上，相同一筆錢有人把它當「死錢」用，有人則把它當「活錢」用。

A部長想要慰勞部下，於是自掏腰包拿出了一萬日圓，此時若他說「大家用這筆錢去喝一杯」的話，大概只會換來部下們在心裡嘀咕：「才一萬元怎麼可能喝得過癮！部長真是小氣啊！」

B部長同樣掏出一萬日圓，但因為他說「大家拿這筆錢，去喝個飲料、吃點什麼吧」，反而讓部下心生感激，「一萬日圓可以點很多東西耶，謝謝部長！」

同樣拿出一萬日圓，A部長背負小氣的罵名，B部長卻獲得慷慨的名聲。

A部長白花一萬日圓，反讓自己壞了名聲，也就是說，他所用的是「死錢」。而B部長只花一萬日圓，卻創造出三萬日圓的效果，可以說他所用的是「活錢」。

如這則故事所述，**用錢的方法會顯露出一個人的性格**。有人能藉由用錢的方式贏得別人的信任，也有人因此信用掃地。

由此可知，對於如何有效地用錢，我們必須要保持更高的敏感度。

不景氣，更該把錢花出去

當收入減少，經濟上有疑慮時，越來越多人選擇在收入的範圍內，過著縮衣節食的生活。我認為這是種錯誤的想法，這麼做只會讓人停止思考，陷入只顧縮小經濟規模來維持收支平衡的狀態。

對企業來說，當環境不佳時，往往先砍的是廣告費用，然而這麼做只會讓業績變得更差。此時應該反其道而行，**正因為不景氣，所以才要把錢花在能吸引顧客的廣告和促銷活動上**。

換成是個人也是如此，**正因為現代生活中充滿了不確定性，所以我們才要把錢用在能幫自己增加收入的事情上**。若想拓展人脈，就得把錢花在餐飲費上；若想提升自己的技能，就該把錢用在買書或參加研習活動。

花錢就是投資

我希望各位能試著用**「花錢就是投資」**這種用錢方式來思考事情。

也就是說，因為無法產生回報的金錢支出不能算是投資，所以在這類事情上我們就不應該花大錢。而一旦發現預期獲得的回報能高於支出的話，此時花錢就不必想太多了。

例如，只要是我自己邀約的飯局，都是我請客。因為不管一起用餐的人是誰，能有這樣同桌宴飲的機會都很難得。我會盡可能招待對方好酒好菜，而且不讓受邀者在心理上有金錢方面的負擔。

如此一來，或許就能讓對方在與我共度的這幾個小時內，留下美好的回憶，說不定對方心裡還會產生想再見我一面的念頭！這就是緣分，讓彼此交個朋友，或者能在事業上有合作的機會。

這類餐飲費用，對我而言就是建立良好人際關係的投資。

反之當我一個人吃飯時，一般來說內容都相當簡單樸素。一個人品嘗美味的料理，說白了也只是滿足自己的口腹之欲而已。所以我會覺得趕緊把飯吃完，將時間和金錢用在其他事情上更好。

又或者和人約碰面時，我若提早到了，在以前自己還是上班族的時候，我大概都會到便利商店裡，站著翻閱架上的出版品來打發時間。

但現在就算只有一點時間，我也會找間咖啡店，進去坐一下。雖然得花幾百日圓點杯咖啡，但坐在店裡不但可以看看資料，還能整理腦中的想法，這樣的錢花得相當值得。

另外，需要移動時，如果搭地鐵得花上半小時，但計程車卻只要十分鐘的話，我會毫不猶豫選擇後者。因為這麼做不但能賺到二十分鐘，在計程車裡還能講電話、做點事，而最後付錢的時候，往往找零的數量還比預期的多。

關於用錢的方法，很重要的一點是，**希望你在每一次花錢時都能停下腳步，不厭其煩地試著用「這筆支出能為自己帶來什麼好處」、「我是為了獲得什麼價值而花錢的呢」來思考一下。**

02 最好的投資，是投資自己

你信得過「自己」這個「投資對象」嗎？

和其他投資相比，投資自己其實是最穩賺不賠的生意。

投資自己既不會被課稅，也不用擔心成果被別人拿走，而且投入的金額越多，越能使自己成長。真正應該打造的資產，就應該要像是這樣，用了也不會消失。

然而培養出願意把錢用在自己身上的這種想法，直到習慣成自然為止，是需要刻意練習的。

就算心裡能認知到「我所做的是投資」，但自己還是會受到日積月累的慣習思維影響，在一段時間內，得不斷和浮現在腦中的「這麼做很浪費」、「不想花這筆錢」等這樣的想法抗衡。

至於我們是否能戰勝這樣的念頭，關鍵其實在於**「我們是否真的能對自己的將來充滿**

信心」。

因為投資是為了獲得回報，所以一般來說報酬夠高的標的物，才會成我們想投資的對象。

假設，一年花個一百萬日圓來做自我投資，能幫自己的生涯收入從兩億日圓提升至三億日圓的話，我想應該不會有人覺得這筆支出很多吧。

會認為花這一百萬日圓很浪費的人，在他們的心中其實壓根兒認為，投資在自己身上無法收到任何回報。

很多時候，你會聽到有人說該「拿收入的百分之十來做自我投資」。說真的，這個比例太低了。

對於一個胸懷大志的人，應該用收入的一半，或至少是三分之一，投資在自己身上。

或許有人會覺得「這怎麼可能」、「這麼做的話，日子該怎麼過啦」，當出現這種想法時，不妨先冷靜地思考一下，平常自己是怎麼用錢的。

舉例來說，你每個月花了多少錢在居住相關的費用（房租、房貸）上，是五萬日圓、十萬日圓，還是二十萬日圓呢？

那麼花在買書的錢又有多少？我想每個月頂多就一萬日圓左右是吧。

這樣的比例你難道不覺得奇怪嗎？從投資的立場來看，我們無法從花在居住相關的費用

思考一下如何均衡的分配支出

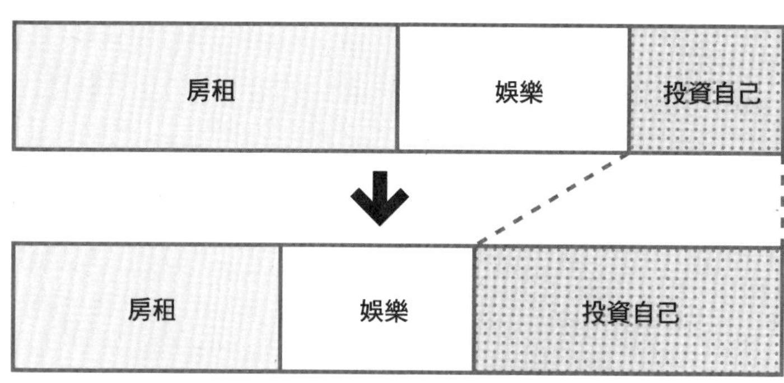

試著增加投資在自己身上的金額吧！

上，回收任何經濟上的報酬。

但讀書能使人成長，我們可以期待在這方面所投入的資金，經過五年、十年之後，會連本帶利地回到我們身上。

儘管如此，一般人花在買書的錢，卻只有居住相關費用的十分之一，這不就等於，你認為自己將來所能生產出來的價值，只有目前所住的這間房子的十分之一而已嗎？

只要是相信自己有成長可能性的人，都應該無所畏懼地把錢投資在自己身上。做不到這件事的人，等於打從心底不相信自己有成長的可能性。

換句話說就是，這種人不相信自己會有前途。

經驗是最重要的自我投資

自我投資並不限於買書來讀、參加研習講座或重返校園。因為並非只有對工作有幫助的事情，才叫做自我投資。

藉由觀賞歌舞伎或能劇來認識日本文化、在高級旅館裡住一晚來享受高水準的服務、學習鋼琴或茶道、體驗看看舞蹈或格鬥這類一般人不太會去嘗試的運動、利用公司的休假進行短期留學、在國外靠搭便車（Hitch Hike）的方式浪遊等等。總而言之，透過對事物的親身體驗，從中抓出自己的感受，這是很重要的。

我有一位從事經營顧問的朋友曾對我說，**「有三件事可以拓展人們的視野，分別是交朋友、多讀書和出門旅行」**。

舉例來說，到國外旅行時，我們會造訪具有不同歷史背景的城市，欣賞至今為止沒有看過的自然景致，以及和持有不同文化及價值觀的人接觸。有了這些經驗後，不管是否願意，都會使你去思考國外和日本的不同之處。

在日本，只要轉開水龍頭就會有水流出來，但有的國家並非如此。有些國家的人民生了病，卻無法看醫生；還有些國家的人民，不能選擇自己的職業。

以上這些體驗，都能擴展我們的思考框架。

只要有錢，任何人都能買到想要的東西。但就算是做相同的事情，每個人所感受到的體驗卻都不一樣。

透過體驗所累積下來的智慧，是只屬於自己的東西。沒有任何人能從你身上奪走或模仿，正因如此才具有價值。

03

讓自己更上一層樓的用錢方式

把錢花在一流的體驗上

就算會讓荷包失血，我還是要推薦各位，不妨試著到高級的餐廳裡用餐，或到頂級的飯店住一晚。

體驗過第一流的待客服務，接觸到在那個場合裡的人，感受到他們的言行舉止後，會讓自己的行為變得更得體。

「服務」這件事，如果沒有親身體驗過，就無法知道它的價值。

對於不曾體驗過這類服務的人來說，他們會先入為主地認為自己並無此需求，也沒有「想讓自己成為能接受這類服務的人」的這種念頭。

然而哪怕只是去體驗一次何謂第一流的服務，你就會明白，為什麼它值得這個價格。一流和非一流，在提供給消費者的服務品質和滿意度上，難以相提並論。

體驗過第一流的服務後，會對人帶來顯而易見的影響。這個經驗會使人們去認真思考，什麼是待客之道以及顧客滿意度，**並從明天起改變自己的行為**。

在高級飯店喝杯咖啡吧

坊間有人提倡，「就算年收入只有三百萬日圓，也能過上舒適生活」的論調。

的確，能僅靠三百萬日圓就設計出無虞的生活方式，或許並不壞。但讓我感到憂心的是，人們會因此而滿足於年收入三百萬日圓這個數字，使自己願意打拚的活力因此而消磨殆盡。

說實話，「就算年收入僅有三百萬日圓，但只要生活過得去就夠了」，這句話意味著不論吃飯或旅行，都只能壓縮預算，去找在自身收入還能負擔的範圍內，能讓自己感到滿意的選項。

這麼做的人，不會有想把年收入提高到一千萬或三千萬日圓，然後去接受更好服務的想法。換句話說，他們等於放棄了讓自己的能力更加進步的機會。

「世界上竟然有人能享受到這麼舒適的服務啊！」這種感覺如果不是親自體驗，就無法對何謂「一流」產生具體的感受。而要是沒有這樣的感受，就無法使人產生鬥志，來讓自己努力變成也能接受這種服務的人。

因此，**就算是打腫臉充胖子，我也希望大家能去體驗看看，什麼才是一流的服務。如果一個人滿足於現狀的話，他將永遠無法從中脫離出來。**

一種立刻就可去執行、去享受到的體驗，是到高級飯店裡喝一杯咖啡。如果是在工作上要和人碰面，或製作計畫書時會用到咖啡店的人，偶爾可以選擇到半島酒店（The Peninsula）或麗思卡爾頓酒店（Ritz-Carlton）的 Lounge 體驗看看。會在平日使用高級飯店 Lounge 的人，大部分都是全球走透透的高階商務人士，他們身上所散發出來的氣質與眾不同。

雖然這些地方的咖啡，一杯要價可能高達一千日圓，但能在被這些菁英包圍的環境中，和別人談事情或用筆電來辦公，的確可以讓自己體驗一下成為他們其中一分子的感覺。

然後你會想，將來有一天自己也會成為全球型的高階商務人士，在任何時候都能使用這樣的空間，如此一來自然能提高工作的熱情。

04
爲自己花錢，更要懂爲別人花錢

謹記，你的存在來自他人的投資

我想大部分的人都能夠理解，「自己才是最重要的投資對象」這句話的意義。但一般人或許很難意識到，**「自己打從出生的那一天起直到現在，一直都是在持續接受數量龐大的投資」**。

這裡不妨讓我們來想一想，到底是誰會故意選擇「你」，作為投資的對象呢？舉個最簡單的例子，不正是你的父母嗎？

他們不只幫你支付了住居費、教育費等會直接產生的費用，如果把養育小孩所花的時間和精力全部換算成金錢的話，到你長大成人為止，父母已經在你身上做了巨額的投資。

既然是投資，當然會期待能獲得回報。那麼你的父母親是帶著能從你那裡獲得什麼回報，才投資你的呢？是希望自己年紀大了以後能有人照顧，還是想要有人能分擔家庭開銷呢？

父母想得到的其實並非金錢上的回報，說得陳腔濫調一點，他們是投資在「希望你能得到幸福」這件事情上。能看到自己的孩子健健康康地活著，是父母想從養育孩子這項投資中，所期待得到的回報。

同時，父母也能從孩子那學到很多東西，藉由養育小孩，讓他們學習到如何為人父母。和孩子們一起經歷的喜悅與悲傷、憤怒與感謝，這些都是回報。

另外，小學和中學的義務教育，可視為是社會對我們的投資。換句話說，就是使用國民所繳納的稅金，來投資在將來能扛起這個國家的人才上。

進一步來說，若你是一名員工，那麼公司在你身上也做了不小的投資。公司期待能透過對進修研習和公司住宅等制度的支出，獲得更大的回報。

當然，除了父母親和公司之外，我們從兄弟姊妹、朋友、前輩、後輩、上司、部下及同事等不同人那裡，得到許多的建議和支持，不論是過去還是現在，他們對你的這種「投資」從未中斷過。因為有他人對你所做的投資，才有今天的自己。

如果大家都能抱持這種想法的話，我想，就不會有活得渾渾噩噩的人了吧。

要是有人認為「反正人生是自己的，我愛怎麼過也不會影響別人」，我會用「你這麼做不但造成別人的困擾，還讓相信你、投資在你身上的人蒙受損失」這句話來反駁他。**針對別**

人在我們身上所做的投資，我們要做的是提供他們預期以上的回報。

「學習、賺錢、反饋」。透過學習來提高自己的價值，藉由辛勤工作來賺錢，然後把收入拿來回饋社會，這是我們應該盡到的義務。

讓對方賺錢，自己也有得賺

想要賺錢其實很簡單，方法是讓對方先得到好處。

舉例來說，今天你接下了一件報酬為十萬日圓的工作，由於你做事認真仔細，最後提供了相當於二十萬日圓的成果，如此一來，對方會因為得到超過十萬日圓預期以上的收穫而高興不已，所以下次有工作時，還是會想到你。

反之，**這個順序如果顛倒過來，你心裡想的是先讓自己賺到錢的話，錢就不會循環了。**

例如某個人一開始就擺出「我會做出值二十萬日圓的工作成果，因此希望對方要付給我二十萬日圓，分毫不能少，不然就虧了」這樣的態度，對方也會心想，「既然我都付了錢，你一定得給我好好幹」，如此一來對工作成果的要求，一口氣就提高不少。

而且因為對方既已認為你好好幹活是應該的，所以心裡自然不會產生那種「物超所值」的驚喜感。

本來這應該是一件能順著對方期待來完成的工作，結果最後卻讓別人的心裡只留下你是一個斤斤計較的人這樣的回憶。想當然，下次再有工作時也不會找你了。

對錢的態度越是執著，人和錢都會一起離你而去。

雖然這是老生常談，但卻相當有道理啊。

約會時要去吃飯的理由

第一次要和女生約會時，包含我在內，應該大部分的男生都會用「要不要一起吃個飯啊」這句話來做邀約吧。

如果邀約的對象是同性，要是彼此話談得很投機，臨別之際其中一方說「下次一起去喝一杯吧」，這樣的場景也很常見吧。

不管是異性或同性，當我們想要和另一個人深交時，一起品嘗美味的料理或美酒是有效的做法，我想這是大家本能就知道的事情。

這樣的方式放諸四海皆準，事實上一起喝酒吃飯，確實能深化彼此的溝通，縮短雙方的距離。

日本公司裡的「接待交際費」，從名字上聽起來就好像有些什麼不能攤在陽光下的感覺，在商場上，甚至有人覺得這樣的花費只是在浪費錢。

不能否認這樣的批評確實其來有自，**但若能善用與他人一起宴飲的機會，也能讓生意談得更加順利**。

因此，請大方地約對方「一起去喝一杯吧」。

有人會問，「我也想和別人透過一起吃飯的機會來增進彼此的關係，但口袋又不深，該怎麼辦」，其實不必擺闊去高級餐廳，小餐館一樣能達到目的。

方法很簡單。

只要告訴對方你為何選擇這家店的理由，就能提高別人對你的好感度。

「這家店的生魚片，真的是極品喔！」

「我真的很想讓你親自嘗嘗這間店的燉牛筋。」

只要加入「約你來這間店，可是有原因的喔」這樣一句話，對方就不會產生「原來你想找我來的，是像這種廉價的居酒屋啊」這種想法。

05 樹立價值觀，用錢有標準

要買之前先想像：我真的有需要嗎？

買了之後只穿過一次的衣服、只看過一遍，卻沒有去實踐其內容的書籍、只用了幾回的健身器材、玩過幾次就膩了的遊戲……。

不論我們買了什麼好東西，只要購買之後沒有去使用它，這種行為就和把錢扔進垃圾桶沒有兩樣。

為了不讓這樣的事情發生，**在購買某個東西之前，請想像一下自己在使用這個東西時的具體情況**。試想這個東西已經融入你的生活之中，舉例來說，如果你想買一臺筆記型電腦，請想像一下，自己每天都會帶著它出門，一有時間就會到咖啡店裡，拿出筆電來處理事情的情景。

如果你發現「我好像不會在外頭工作耶」或「自己沒有去咖啡店的習慣」，那麼就算買了筆電，你也不會去使用它。這臺筆電最後只會被擺在家裡積灰塵而已。

購買之前，先想像自己使用這東西時的具體情況，只要養成這個習慣，就不會看到「半價大特賣，不買可惜」就心動不已，跑去和人爭相搶購。

一個連自己都不確定是否會用到的東西，就算半價買到也沒有意義。

爲價值買單，而不是價格

買東西時最重要的是，在某個商品和服務中，是否有與你所支付金額相符的價值。意思是，我們不該從價格來推估價值，而是你認為某個商品或服務有多少價值。

最近《東京米其林指南》的話題甚囂塵

避免無意義的購物！

想像一下，你真的需要這個東西嗎？

上[71]，然而不能說一間餐廳因為有三顆星的評價，所以價位定得很高就理所當然。社會上仍有許多連米其林調查員也預約不到，以致連接受評鑑的機會也沒有的餐廳，然而這些店的消費大多價格公道。

一間餐廳並不會因它位於赤坂或銀座，所以餐點肯定好吃且價格不斐。**真正重要的其實並非寫在菜單上的價格，而是你能從中得到什麼回報。**決定一個東西價值的，並非價位的數字上有幾個零。

只要能搞清楚價值與價格之間的差異，那麼無論是窮遊還是豪遊，都能讓自己玩得盡興；不論是吉野家的牛丼或高級餐廳的料理，都能吃得津津有味；既習慣身著義大利布料所製成的高級西裝，但優衣庫的衣服也能穿得自在好看；既懂得使用皇家哥本哈根（Royal Copenhagen）的瓷器來款待客人，也不妨同時是百元商店裡的淘寶達人。

當我們能用自己的價值觀來做判斷，不會受到價格高低的影響時，就會對自己所做的選

71《東京米其林指南》首次出版於二〇〇七年底，是第一本西方國家以外的米其林指南，上市之後大熱賣，卻也引來諸多批評。許多人認為外國評審不懂日本美食，且推薦店家價位太高，坊間於是出現多本模仿米其林評級的「庶民米其林指南」，介紹便宜好吃的東京美食。

擇充滿信心。

如此一來，就不會去在意周圍的眼光，也不會為了面子而花冤枉錢。

一個東西並不是價格越高就越有價值，社會上存在許多價值低但價格高，或是價格低但價值高的東西。

只靠品牌來做判斷的標準，無法培養出我們分辨事物的能力。一旦受到虛榮和自尊心的影響，就容易盲目地相信品牌，使自己無法分辨出東西所具有的價值。

了解一個東西真正的價值，不是去比較其他人為它所設定的價格，而是自己所認同的價值，也就是說要去**了解「自己的市場價值」**。

培養自己的「計畫性」和「自制力」

有錢人擁有「計畫性」和「自制力」，所以他們不會把錢花在一時的虛榮和欲望上。然而貧窮的人缺乏這兩種能力，所以會受到虛榮和欲望的影響，購買不需要的東西。

因此，市場上才會流傳這麼一句話：**「和窮人做生意比較賺錢」**。

例如當消費金融還不像現在這麼嚴格管制之前，是相當賺錢的生意，為什麼呢？因為使用者都是對金錢沒有計畫的人。因為這樣的人很多，所以出現了錢借太多卻還不了的狀況，最後才讓政府出手進行整治。

對金錢沒有使用計畫的人，他們不知道借相同的一筆錢，在銀行的無擔保消費貸款和消費金融之間，存在百分之五的利息差異。雖然電視廣告中一直提醒要「有計畫地使用貸款」，然而正是對錢沒有計畫性的人，才會使用消費金融，所以這段文字並沒有提醒到他們。

因為要弄清楚自己賺了多少錢、生活成本是多少、花錢額度是多少這些事很麻煩，所以他們連想都沒有去想過。

然而這些人會受到電視廣告的影響而去購物，就算讀了書，也不會去實踐書裡的成功法則，只要看到什麼是自己想要的，就立刻出手毫不遲疑。

試問，還有比從這群人身上賺錢更容易的事情嗎？

相反的，想從有錢人那裡賺錢卻很不容易。原因在於他們有「計畫性」和「自制力」，能夠看出企業在廣告和市場行銷裡賣的是什麼藥，不會隨之起舞。有錢人並不會覺得自己需要支付昂貴的手續費，只為了拿到一本豪華的手冊或能在高級的接待室裡談生意。

唯有把「計畫性」和「自制力」放在心上，**我們才能了解自己相信什麼，可以把錢用在什麼樣的價值上，而這些花出去的錢，又能帶來什麼好處**。

容易花錢如流水的人，就別再刷信用卡了，改用現金來買東西吧。因為刷卡不會讓人有

「心痛」的感覺，很容易用過頭而不自知。而換成現金的話，每次掏出錢時都能警惕自己。

打造好形象，也是重要的投資

「工作要託付給看起來忙碌的人」，這句話同樣適用於金錢上。

正因如此，重要的是：就算自己並非有錢人，也要表現出能讓別人覺得你很有錢，或很會賺錢的樣子。

雖然說「人重要的是內在」，但一個人帶給其他人的印象，還是會受到外表所影響。

試想一下，你會找一個穿著鬆垮西裝的管理顧問，來負責自己公司的諮詢業務嗎？你有可能把工作外包給一個看起來就一臉寒酸樣的人嗎？

我有位朋友，是做不動產生意的公司社長，近來他買了一臺賓士 S-Class 的新車。雖然這陣子不動產業界並不景氣，讓他手頭有點緊，但他仍想在其他人面前展現出體面的樣子。結果因為換了這臺車，為他贏得了一紙二十億日圓的商用大樓建案合約，買車花掉的一千五百萬日圓也一下賺了回來。

以前，一位公司經營者的前輩曾對我說：「我見過很多成功人士，**身上穿著高級西裝的人，會變得和他的西裝越來越般配，事業也會越做越大**。但那些不願意花錢購買好西裝，穿著不合身的現成西裝的人，則無法在商場上取得成功。西裝的布料、衣領的形狀以及扣子的固定方式，明眼人一看就知道差異。有品味的人所選擇的西裝，雖然乍看之下很樸素，卻能讓人覺得他真有兩把刷子。**穿著奇裝異服稱不上是個性。處在相同的環境裡，還能讓自己在別人眼裡看起來熠熠生輝，那才叫個性。**」

聽完這段話之後，我立刻訂製了好幾套使用義大利進口布料縫製的手工訂製西裝（心思好單純啊）。

之後呢，不可思議的事情發生了。

穿上了訂製的西服後，我的精神變得抖擻，腦海中有了更宏觀的想法，心情也較為穩定沉著。和別人商談時，勇於正面去和對方談條件，參加派對活動時，舉手投足充滿自信。甚至到餐廳用餐，還會受到較為高規格的接待。

我曾聽說，過去利用通訊方式來銷售健康食品的公司，會讓負責客服電話的員工穿上白袍。據說這麼做，儘管電話另一頭的人並無法看到，但員工講起話來會顯得很有說服力，進而提升了公司的業績。

看來服裝還真的能帶來使人搖身一變的效果呢！

第五章

賺大錢的能力

01

孤身一人也能三年賺一億的氣魄

哪怕沒存款也不要緊

或許有人正在為自己沒有存款或年收入不高而感到唏噓，但其實我們完全沒有必要去在意這種事情。

因為重要的，其實是一個人是否有「能持續賺錢的能力」。所以就算銀行帳戶裡沒錢或年收入不高都不要緊，從現在開始賺就行了。

不論身處什麼樣的時代（景氣好或不好）、什麼樣的場所（都市、鄉下還是國外）或環境（人脈、資金與時間條件），我們都需要擁有能賺錢的能力。由此產生的自信，能讓你的精神放鬆，得到真正的安定。

正是「到哪裡我都能賺到錢」的自信，才能讓我們不被世上的潮流淹沒，不受任何人的拖累。可以說，**要想活得像自己，就得要有賺錢的能力**。

有賺大錢的自信，過得自由安穩

我認為「安定」的定義是，「在沒有家庭、金錢和朋友的情況下，**就算在這個社會上只能靠自己，但只要有三年的時間，就有能力賺到一億日圓**」。

真正的安定，並不能透過成為一間公司的正式員工，或伴隨職位的提升、幫自己存下一大筆錢來獲得。因為就算是在外商公司裡工作的高收入族群，也無法預測自己的未來會如何。不管擁有再多的存款，只依賴這筆錢來過活，還是會令人感到不安。

只要自己沒有賺錢的能力，就只能選擇依附在公司之下。但公司的走勢會如何呢？沒有人能說得準。為了緊緊地抓住公司不放，我們所做的就是去考取證照或讀個MBA（企業管理碩士），努力讓自己扮演好優良員工的角色。

若自己沒有能獨力賺到錢的自信，就只能選擇寄人籬下，然後持續和不斷變動的世局周旋，這樣不僅缺乏自由，也不夠穩定。

勞逸結合更能豐富人生

我有一位朋友，他在二十多歲時，成立的公司站上風頭賺了大錢，後來他在三十多歲時把公司賣掉，一口氣進帳幾十億日圓。

在表示「這樣一來，終於可以輕鬆過生活啦」之後，他移居夏威夷，過著每天衝浪和打高爾夫球的退休生活。但沒想到，這樣的生活過不到一年，他就回到日本，成立新的公司，重新開始過起忙碌的生活。明明過上了理想的生活，為什麼他會選擇放棄呢？

他這麼解釋：「玩樂終究是玩樂。既然我又不是以專業的高爾夫或衝浪選手為目標，就總會有玩膩的一天。興趣和娛樂，終究無法成為一個人生命中的支柱。因為平日有工作得處理，所以週末才能過得充實。我發現，正因為平常很忙，所以才能打從心底去享受自己的興趣或娛樂。我深刻體會到，如果自己所做的事情和人沒有關聯，無法得到他人的感謝，那麼就會感到強烈的空虛和不滿足。」

在友人的這段話裡，濃縮了關於「活著」這件事中一個重要的觀念。

我們透過工作來和社會產生連結，由此可以感受到，我們是被這個社會所需要的，因而讓人生有充實和滿足的感覺。

我在美國時曾聽說，年紀輕輕就賺了大錢、過上退休生活的人，他們的平均壽命要比工作到退休為止的人短上許多。

這也讓我理解到，我們若沒有承擔任何社會的作用（角色），亦即沒有工作的話，就無法體驗到人生的充實。

工作可以使人成長，豐富我們的人生

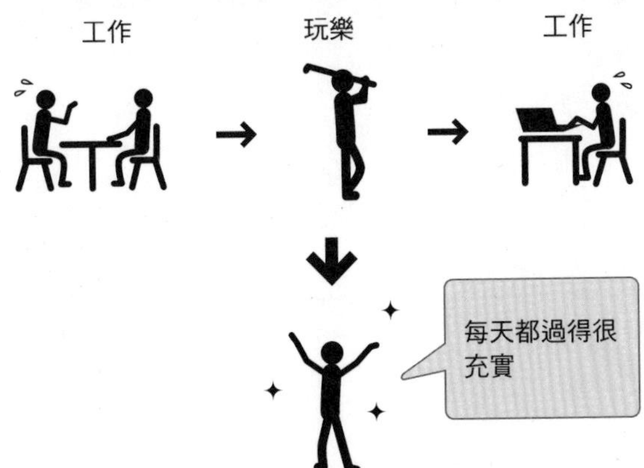

02 越是不景氣，越是要創業

名為「證照」的陷阱

在接下來的時代，或許國家證照不會再那麼吃得開了。

雖然這只是我個人的想法，但我確實感受到，擁有國家證照但卻賺不了什麼錢的人，正在快速增加中。

證照考試最致命的缺點在於「由別人出題」、「有正確答案」、「以背誦為主」、「學不到賺錢的方法」這幾點。人們無法藉由證照考試，學習到現代商業所需具備的能力。

在專門學校裡學習，可以拿到教科書，有老師教授重點，還能參加模擬考試，所有為了考證照的一切都準備好了。學生需要做的，只有趕緊把考試內容記下來，培養答題的技巧而已。

但在真實的商場中，你不會拿到任何東西。一個人所需具備的能力，是從「無」中「選定課題」、「沒有正確解答，需要靠自己推導出最合適的選項」、「動腦思考」以及「把想出來的東西商品化，打造一套能賺錢的架構」。

「總之先考到證照再說啦」，這種想法可能會讓你損失大量的時間和體力。

因此，**最好從一開始就要去思考，「該怎麼做才能賺到錢」這件事的執行方式**。

證照對升遷和轉職並沒有太大的幫助，這點只要看到社會上有一大堆貧窮的「士業」[72]人口就能明白。而且對自行創業來說，也沒有實質助益。

以上這些，是過去我為了取得「日商簿記檢定一級」和「美國註冊會計師」所學習到的事，以及需要自我反省之處。

「腦力收入」時代來臨

我在前面曾提到，年收入三百萬日圓的人和三千萬日圓的人，**兩者之間的差異在於彼此的「思考力」**。

72日語中「士業」指的是，名稱的最後有「士」這個字的證照或職業俗稱。例如律師（弁護士）、註冊會計師（公認会計士）等。

只要動腦去思考，創造出附加價值較高的產出，那麼時薪就不會只有八百日圓，甚至有可能高達五萬日圓。若能設計出一個能讓他人動起來的架構，那麼就算自己不工作，也會有人替你賺錢。

如果自己陷在系統之中，就只能配合系統來行動。但要是我們能成為打造系統的人，讓自己站在管理者的立場，那麼系統就能為我們賺錢，自己也可以得到自由。

透過思考力所賺到的收入，我稱之為「腦力收入」。而接下來，將會是屬於「腦力收入」的時代。

讀完一本書之後，不只要能學到知識，**更重要的，應該是如何去活用書裡的內容**。我們不能讓自己被已發生的問題追著跑，而是該積極地去發現問題，然後透過書本或網路找出答案。

最後，把找到的答案商品化，打造出一個讓人願意花錢消費的系統。藉由這樣一連串反覆地操作，創造出成果，這個社會才會成為我們所樂見的樣子。

從儲蓄到投資，從投資到創業

受到經濟不景氣的影響，許多優秀的人才都遭到大企業或外商解僱。

在這批優秀的人才中，雖然有不少人選擇重新找一間公司棲身，但也有部分不再信任公司的菁英們，展開了新的行動。

於是我們看到，創業的情況增加了。在我身邊，已經創業或正準備要創業的人都增加不少。

其實，正是在大環境不好的時候，能抓住的機會才多。

舉例來說，因為店面或辦公室的租金大幅下滑，所以才能用便宜的價位租到。

以店面來說，有一種「含裝潢、設備」[73]的物件，租借的人能直接使用屋裡的裝潢及會用到的家具、器具，如此一來能讓開店的成本節省不少。其實在我的朋友圈裡，就有不少人既是上班族，還一邊經營餐飲店。

其次，不景氣的時候，能僱到優秀的員工。雖然在大環境好的時候，厲害的人才都會被大公司搶走，但在求職不易的時期，人才卻是滿街跑。就連普通的中小企業，也可能招募到優秀的應屆畢業生或其他公司的員工。

另外，在不景氣時，打廣告所需的費用也會變得相當便宜。因為想打廣告的業者變少了，

73 原文作「居抜き」，指連同設備、家具等一起賣或租給他人的商店或工廠等物件。

所以才能用極低的價格來完成這件事。

從成本面來看，不景氣的情況其實正適合創業。從業績面來看，**如果能開發出一個在市場低迷時也能賺錢的商業模式，那麼等到景氣回復時，就能預期獲得巨大的回報**。

不論怎麼說，對於「從儲蓄跨入投資」或「要工作到退休為止」這樣的生活方式會感到不安的人，或許也可以考慮一下「從投資轉而創業」這個選項。

不景氣時的自我磨練，讓未來一飛沖天

一名職業棒球選手，能不能在下一個球季留下好成績，和他到球季開幕為止之前的訓練，有著密不可分的關係。

因為棒球比賽有電視或新聞做報導，所以選手們華麗的演出才能呈現在我們的眼前。但在球季結束後，球員們的自主練習幾乎不會見諸於媒體報導，所以一般大眾都不太清楚其中的狀況。

我認為，一位選手成長的祕密，就隱藏在自主訓練的這段期間。也就是說，**占據努力絕大部分的，是孤獨**。**努力是在其他人看不到的時候，自己會去實踐的事**。

而其中最重要的是，我們無法看見其他人到底付出了多少努力。舉例來說，你認為自己

練習了一百遍，已經很努力了，可是其他人或許練習了一千、一萬遍，也很難說。

不限於棒球選手，當我們在不景氣之時，若能徹徹底底、**為了將來一定會出現的榮景先做好準備，那麼所能取得的獲益，肯定會和其他人拉開差距**。

這一陣子社會上吹起一股「輕鬆比較好」、「討厭麻煩」、「當個懶人也不錯」，謳歌「工作與生活的平衡」以及「零加班」的風氣。

或許這些對政府或企業老闆們來說並不會造成什麼影響，但對我們個人而言，難道就是美事一件嗎？我很擔心，可能之後還會發生像導入了「寬鬆教育」[74]後，孩子們的學習能力下滑的情況發生。

然而，從中我們還是可以看到能抓住的機會。

在一般人都想輕鬆度日的不景氣大環境下，我們要比別人更努力工作，打造自己的事業。如果擔心能力不足，那麼就用時間來彌補吧。

到目前為止，我也是用這樣的方法，來填補個人能力的不足之處。如此一來，就能透過

---

74 ゆとり教育，指日本自一九八〇至二〇一〇年代初，一系列刪減課程內容、縮短授課時數的教育改革方針。後由於學生學力下降而招致批評，二〇一一年後政策有所修正，被稱為「反寬鬆教育」（脫ゆとり教育）。

量變產生質變了。

話說，我身邊的成功企業經營者們，無一不是經歷過不眠不休地努力工作，才換得苦盡甘來的人。

游牧式自由工作者的活躍時代

「Nomad」是《經濟學人》（*The Economist*）所提倡的一種工作型態，雖然直譯叫做「游牧民」，但這一詞所指的，其實是以最新的ＩＴ工具為武器，從事自由工作的人。

隨著科技的發展，讓我們不論在何時、何地都可以工作。現在，人們甚至能以不需要辦公室的自由工作者身分，來管理旗下的員工。

近年來，公眾無線區域網路和網路硬碟的普及、檔案和郵件的同步機能，透過像 Skype 等通訊軟體的應用，讓人們在溝通和分享資訊上更加順暢。

因為和其他人約見面，使用飯店的會客廳就很足夠了，所以對自由工作者來說，也就不太需要有一個具體的辦公室空間。

另外，從大企業的角度來看，把工作委託給有能力的自由工作者這種做法，還能收到物美價廉的好處。

游牧式的自由工作者

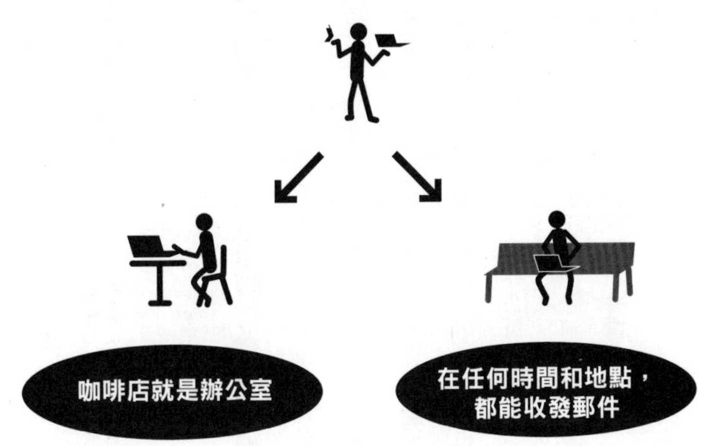

在我的朋友之中，有不少人都採用這種工作方式，年收入賺得比在大企業裡工作的員工還要多。

就算一個人並非公司裡的正式員工，他也能維持自由工作的方式來賺取高年收入，我們的社會正逐漸往這樣的環境在改變。

03 想在未來賺大錢，需要什麼能力？

時代的需求，已從專家轉移到超級通才

日本歷經泡沫經濟之後，通才（Generalist）遭到否定，專家（Specialist）則備受追捧。但在接下來的時代，**能從零開始建構出一個商業模式，並能從中獲利的超級通才（Super Generalist），將會是炙手可熱的人力資源**。

超級通才是**具有多元能力的人才**，他們不論在市場行銷和跑業務、製作企畫和想廣告標語、招募人才和培訓上，都能有所發揮。

在只有單一技能的情況下，除非該領域持續有這樣的需求，否則專業能力再強，也都可能面臨被時代淘汰的風險。就連曾風靡一世的音樂製作人小室哲哉，也無法從這樣的趨勢中逃離[75]。

串連不同技能，打造多元智慧

只靠一種技術，將很難在社會上生存下來。因為像很懂金融或很懂ＩＴ這樣專精於一項技能的人，已經越來越多了。

就好比你的英文能力再好，也不太可能贏過從小就生長在國外的人，要想和這些人競爭，總難免碰上「人外有人，天外有天」的情況。

話雖如此，我們不妨把「Only One」拿來當作自己的目標。也就是說，我們要當特定領域的「世界第一」，或說「Number One」。

但我想表達的，並不是要你投身一個沒有人碰觸過的領域。而是**藉由把自己所擅長的幾種能力整合起來，這麼做就有可能創造出與他人之間的差異了**。舉個例子，自己的金融與ＩＴ知識以及英語能力，如果都還算拿得出手，那麼可以如何應用呢？

如果只有英語這項能力，我們雖然可以從事口譯工作，卻無法勝任難度較高的交涉或委以管理職。若是只了解ＩＴ相關技術，那麼就會錯失與外國技術人員共同參與研發的機會。

75本書初版上市時，正逢小室哲哉的事業低潮期，先後遭遇創作銷售大減、鉅額投資虧損與歌曲版權銷售爭議。

然而只要能熟練不同領域的知識技能，就能大大擴展可以活躍的範圍。就算英語能力比不上在國外長大的人，但因為還擁有金融和ＩＴ相關的知識，這樣就能讓自己顯得很稀罕。

如果你的強項是英語，那麼可藉由學習法律和科技相關的知識，進一步提升自己的英語水準。要是你很會跑業務，可以透過再去學習市場與金融方面相關的知識，讓原本就擅長的業務更上一層樓。

這類型的人才，不同於過往的專家或通才，而是具有不同領域的能力，能以綜觀全局的視野掌握事情，是具有多元知性和才華的菁英，也就是所謂的「多元智能」（Multiple Intelligences）。

先把一招練到頂尖再說

那麼該怎麼做，才能讓自己成為這樣的人物？首先我們要徹底把一項技能磨到頂尖，達到公司裡的第一名，絕不能滿足於半吊子的實力。

這麼做的理由之一，在於能讓自己「充滿信心」，其次是能磨練「感覺」並且提高對事物的洞察力。

一位擅長寫毛筆字的人，他去看別人的書法展時，可以看出「作者的運筆在這裡有點遲疑了」。專業的將棋選手在看別人對弈時，也能看出「這種下法，需要心臟很大顆才行」。

我想說的是，當自己的其中一項能力達到很高的水準時，**就能看見一般人所看不到的價值**，而這也被稱之為「感覺」或「品味」。

接著拓展周邊領域

當我們在一定程度上能掌握某個領域的內容後，就能更容易地去吸收與它接近的相關領域知識，並加以輸出。這是因為事物在本質上，其實並沒有太大差異。

就拿經營企業這件事來說，例如路易斯．郭士納[76]，他原本任職於納貝斯克這家食品公司，後來卻在與食品完全不同領域的ＩＢＭ裡大展身手。還有像卡洛斯．戈恩[77]那樣，能在不同的國家，發揮自己的經營手腕。

因為人與人之間溝通的本質並沒有改變，所以擅長寫文章的人，只要稍微針對對話、口

76 Louis Gerstner，美國企業家，曾任納貝斯克（Nabisco）執行長。一九九三年接掌ＩＢＭ後，因帶領ＩＢＭ度過轉型危機而聞名。

77 Carlos Ghosn，黎巴嫩裔法籍企業家，前雷諾董事長兼執行長，一九九九年收購陷入危機的日產汽車，後任日產汽車社長，組建「雷諾—日產—三菱聯盟」，一度被視為日本汽車產業救星。然二〇一八年因涉鉅額經濟犯罪而遭拘捕，保釋後潛逃黎巴嫩。

頭發表、辯論和引導力做點訓練，就能立刻取得很不錯的成果。

只要做為背景的知識和經驗夠豐富，就可以將它們應用在其他的領域。

例如當一個業務員做出點成績之後，就能把自己的經驗擴展到「口頭發表」、「市場活動」和「談判」上。換作是一名工程師的話，則能將經驗實踐到「邏輯思維」、「專案管理」和「引導力」上。

如果能這麼做的話，我們就能不斷開拓自己所擅長的領域，進一步發展多元智能了。

必備素養！對社會問題要有自己的觀點

有人認為，要想提升自己的文化素養，就有必要閱讀古典文學著作。

只要把一項技能練到頂尖，就能應用在周圍其他領域

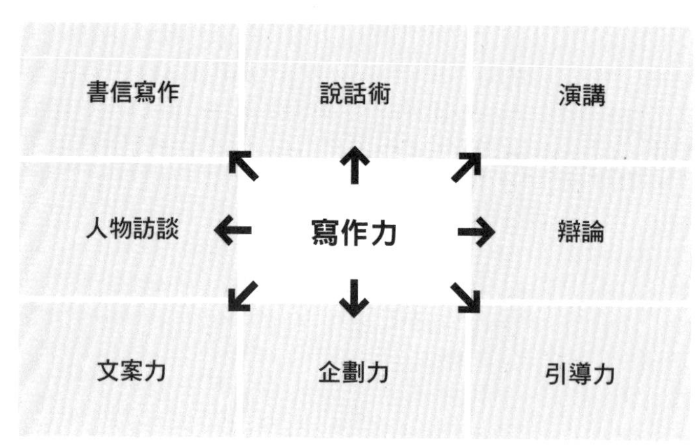

我相信閱讀那些歷久不衰的經典名著，確實能提升自己的文化水準。

然而，處在這個急速變化的社會之中，在談到「對商務人士來說，現在或下個世代所需要的人文素養是什麼」時，我覺得有必要對「人文素養」重新做個定義。

因為工作性質的緣故，讓我有機會能和外國人，尤其是中國、韓國、新加坡和美國的商務人士進行交流。最近幾年，和這些活躍於第一線的人們談話時，聊到的話題如下：

「你怎麼看環境問題與其相關的應對方法？」
「你怎麼解讀各國不同的能源政策？」
「你認為二十年之後，歐元會是世界的主要貨幣嗎？」
「你如何評價美國的經濟政策？」

我經常被問到自己對這些問題的個人觀點。碰到這種狀況可不能只是拾人牙慧，得提出屬於自己的觀點才行，否則就會被晾在一邊，打不進他們的圈子裡。

對談中雖然偶爾會涉及電影相關的話題，但卻幾乎沒有出現過有關繪畫、古典音樂和古典文學的內容。

除此之外，有時還會出現像是「賈伯斯在演講中所說的那句話（內容當然是英語啦），真的很精闢啊」這類，沒看過 YouTube 上的影片就無法加入討論的話題。

因為這些人沒有讀過杜斯妥也夫斯基或川端康成的作品，所以就算你有讀過這些作家的小說，也無法和別人開啟話題。

我也經常和同年代或比自己年輕的日本人交流，和他們在一起時，比起文學，聊「鋼彈」或「灌籃高手」這些漫畫的內容，更容易引起共鳴。

當然，因為我接觸到的人，主要以三、四十歲的商務人士為主，所以得到的經驗難免會有所偏差。但我能明顯感受到，符合這個時代的「素養」，的確在發生改變。

我認為，**在接下來的時代裡，所謂的「素養」，將會是以環境、能源以及糧食問題為首，針對貧困、疾病和教育，這些全球所共同面對的社會、政治及經濟等主要問題，你能否提出屬於自己的觀點**。

厲害的亞洲人正在急起直追

目前日本的國民人均GDP，已經被新加坡超越了，照這個勢頭來看，將來也有可能被韓國、臺灣、中國或印度超越。

當日本的人均GDP被超越後，接下來很有可能出現，我們的老闆是中國人或韓國人，或者日本的企業去承包外國公司工作的情形。

會出現這樣的轉變，我認為和各國對教育所採取的態度有關。儘管美國的經濟狀況出了點問題，但該國的大學教育依然傲視全球。

而緊追在美國之後的，是中國和韓國的頂尖名校。

另外，印度對自己國家的技術教育也非常用心。像是印度理工學院（Indian Institute of Technology）就是亞洲著名的高等學府，許多該校學生還會到美國留學，擴展在世界上的人脈。

反觀日本的大學，在培養國際商業人才的這一方面，起步明顯晚了不少。

不努力學習的國家，其對經濟的支配權，將拱手讓給努力學習的國家。

整天把「零加班」和「工作與生活的平衡」等口號掛在嘴邊的日本，或許遲早有一天，工作機會將被其他國家的人給搶走。

在接下來的求職面試裡，國籍將不會是問題，你的履歷將被拿來和其他優秀的亞洲人一起做比較。

不學習的人，受制於會去學習的人。無法創造出工作的人，聽命於能創造出工作的人。這類事情，將在全球各地發生。

04 找到更進一步的生存能力

透過「市場」角度，找出強化方向

不管什麼樣的工作，只要沒有市場需求，就無法賺到錢。這一點放在技術上來說，也是成立的。

就算取得了MBA的學位，如果市場上沒有MBA人才的需求，那麼這個學位也無用武之地。但今後，市場對MBA人才的需求，會有巨大的改變嗎？

在美國，有不少人就算貸款也要去念一個MBA，然而許多人畢業後，在職場上並沒有獲得較高的薪水，反而因為要償還學貸，使生活過得比以前更為拮据。如此一來不就本末倒置了嗎？

透過創業，把喜歡做的事情當成工作，讓工作成為自己喜歡做的事情，這是脫離上述這種困境的必要條件。

可是如果沒有市場的話，想再多也是白做工。

許多缺乏核心技能，但又急於創業的人，很容易選擇投入無須初期資金和沒有庫存風險的商業教練或管理顧問等市場競爭相當激烈的領域。

然而，如果沒有和其他人做出區隔或擁有獨特觀點，可能只會讓自己陷入削價競爭的貧窮風險之中，付出許多勞力，得到的收穫卻不成比例。

意識到這一點的人，若能提早更弦易轍，還有可能避免這樣的悲劇發生。但要是選擇忍耐下去，隨著年齡漸增，只會淪為自行創業版的窮忙族而已。

為了不讓自己的努力白費，**我們應該透過市場的觀點，來思考要去學習什麼領域的知識。想一想十年後的世界會變成什麼模樣、屆時需要哪一種人才；而為了符合這樣的趨勢，自己又必須採取麼樣的行動。**

時間寶貴，有「差異」才有優勢

要是景氣變差的話，你的收入和地位會發生什麼改變呢？若自己任職的公司倒閉了，你是否能想到賺得比現在的薪水還要多的方法嗎？

如果某人覺得要是景氣變差，自己的狀況好像會變得不太穩定的話，那就表示他既不懂得也不具備能夠和他人之間產生差異化的能力。

要是不能和其他人做出區隔，自己的收入和生活就會受到景氣左右，也會使自己的身分處於不穩定的狀態。

能夠做到「我和其他人在這裡不一樣」的人，則不會受到景氣和國家的動向所左右，能夠持續賺取穩定且高額的收入。

為此我們需要去思考，「該做些什麼，才能和別人有所差異」，然後從這個視角出發，去「最佳化」自己的行為。

那麼當我們去做這件事情時，你認為最該執行的是什麼呢？是多看電視、每天早上讀報，還是念一個MBA學位？

一般人雖然都知道「差異化這件事很重要」，但卻在無意識中花時間去收集那些任何人都能取得的資訊。讓我們冷靜地思考一下，這麼做豈不是和自己所想達成的目標背道而馳了嗎？

或許有人會這麼想：「你的話很有道理，但如果不曉得那些大家都知道的事情，和其他人之間的差距，不是會越拉越開嗎？」

要知道，**一天只有二十四小時。為了能在自己八十年的人生裡，獲得最大的幸福，我們也需要勇氣，去「拋開那些無法創造差異化的事物」**。

致力提升不靠公司的賺錢能力

原則上，我很認同一個人應該在人生的某個階段時，忘我地投入工作。同時我也強烈建議，為了預防陷入停止思考的狀態，大家應該要多動腦去「想一想」。

為什麼需要忘我地投入工作呢？因為這麼做才能在短時間之內，一鼓作氣把自己的能力推升到一定的高度，得到「等級」完全不同的收穫。

在積累了大量經驗後，我們能培養出「直覺」這種作為判斷事情時的基準。當你了解該如何提升能力的訣竅，就知道「事情這麼做會得到比較好的結果」，如此一來你就不會恐懼學習新的事物，還能輕鬆應對環境的變化。

此外，曾經辛勤努力地投入工作的經驗，還能提升個人的忍耐力和進行深度思考的「知性體力」。

進一步來說，透過專注投入在一件事情，能讓我們很快找出其中的問題點，例如對於一件事應該繼續執行下去還是放棄、是自己一個做還是找人合夥較好、如何才能使其系統化，好讓自己騰出手來等。這樣一來，就能盡早把自己導向下一步要發展的方向上。

話雖如此，要是我們每天只知埋首於公司的工作，那麼在不知不覺中，可能會導致自己和公司的命運綁在一起的狀況，若事態演變成那樣，我們就只能抱著公司的大腿不放了。

為了不讓自己陷入停止思考的狀態，當然不能只是去做流水線或上頭交代下來的工作，我們需要有策略地提升自己的賺錢能力才行。

為此，**我們應該要栽培自己，讓自己擁有以下這些技術：創造客源、讓想法和手上的資源能夠商品化、打造出不靠勞動時間還能持續賺到錢的系統。**

我曾經聽一位公司的負責人這樣說過：

「所謂『上班族』，是由自己無法找出客群的人，以及光靠自身技藝沒辦法賺到錢的人，所創造出來的『職業』。」

搞清楚自己的獲利模式

正如投資的獲利可分為股利收入（Income Gain，配息）和資本利得（Capital Gain，價差），我們也應該要清楚知道，目前自己正在做的工作或想要投入的工作，是屬於「配息」型還是「價差」型。

我們可以把「配息型」看成「農業耕作」，儘管一次能得到的收入可能不多，但透過系統化的運作，能創造出持續的現金收入。

電力公司和伺服器管理公司，都屬於典型的「配息型」公司。雖然消費者每人每月所付給公司的錢不過只有三千或一萬日圓，但只要使用的人數夠多，收入就會很穩定。

自行創業的話，若你所提供的服務是需要簽顧問契約的類型，那麼只要增加簽約的公司數量，就能獲得穩定的收入。這和做會員生意以及搞加盟連鎖的道理相同。

這種類型的生意**不容易受到景氣變化的影響，只要超過一定的閾值後，就能確保豐厚的收益源，因此其特徵就是穩如磐石**。試想，就算遇到不景氣的情況，公司還是得用電來維持自己的網頁吧。

然而要經營像上述的電力公司，我們需要有能投資在設備上的資金或調度資金的能力。如果是自己創業，手上若缺乏有力的武器或具差異性的技術，那麼收入可能也不盡如人意。

另一方面，我們可以把「價差型」視為「狩獵」，雖然有可能獲得一次性的獲利大爆發，但也背負著需要不斷去開拓客源的宿命。

例如人才仲介（高階獵頭）或不動產販售就屬於這類型的生意。因為幫公司找人才，可以獲得對方年薪百分之三十至三十五的手續費，所以只要成功媒合一位年收入達一千萬日圓的轉職者，就能拿到三百至三百五十萬日圓。而不動產的情況是，假如你賣出了一間兩千萬日圓的公寓，則可獲得三百到五百萬日圓的報酬。

從事人力仲介，不需要設備投資和資金；想賣房子，只要加入代理銷售，沒有初始資金也能開始。

但因為從事這類型的工作，需要的是不間斷地努力投入，所以常會遇到工作爆肝或加班到看日出的情況，得有相當的體力和意志力。

另外，這種類型的工作也容易受到景氣影響，一碰到大環境不好的時候，首先會受到衝擊。

談了這麼多，我想表達的其實是這兩種類型沒有孰優孰劣之分，並希望你能去思考，自己目前處在什麼位置，將來想往哪一個方向前進。

這麼做之後，你就會比較清楚應該投身於什麼領域，或不去做什麼對自己會比較好。就算真的要去嘗試，也能知道該打造怎樣的獲利模式。

用個人名片來一決勝負！

你知道為什麼許多老闆或商務人士，就算再忙也要抽出時間去參加不同業種的交流會嗎？其實他們的目的並不是為了交朋友。

絕大多數的人在那個場合，只是想找生意上能合作的對象，藉此擴大自己的事業版圖。

如果一個人沒有明確的目的就去參加這類交流會的活動，結果只是徒增自己手上的名片數量而已。接著在幾天後收到像是「能認識真是有緣」或「今後還請多多指教」這種內容不痛不癢的郵件，然後就沒有然後了。

像這樣，週末還要花時間努力去參加活動，雖然確實可以結交新的朋友，卻無法建立起能在真實商場上發揮作用的人脈，這個事實令人感到震驚吧。

那些被浪費掉的時間，真的好可惜啊！

因此，出門之前請先想一下，**這是現在的你應該要參加的交流會嗎？**我們真的需要盡早從「能增加人脈真不錯」、「可以遇到有相同目標的夥伴，好開心」這樣的活動畢業才行。

想在這類交流會中取得些好處的話，你需要製作個人名片，用它來幫自己爭取工作。

也就是說，我們不妨活用不同業種的交流會，把那裡當成個人副業的營業空間。

在那裡，我們不該再靠公司的名頭，而是應該嘗試用自己的名字來創造機會。

為此**我們必須去思考，自己能用什麼來做宣傳、可以提供什麼其他人做不到的差異化服務**。若能因此爭取到工作機會，那麼就算不倚賴公司，你也能為自己打造一個獨立自主的基礎了。

要是能做到就算被公司掃地出門，靠自己的力量也能賺到錢，或者說，在薪資不縮水的情況下成功轉職，那麼，人生當中所需要擔心的事情，也就少了一樣。

如此一來，我們就能把精神專注在「展現出自己的價值」上，然後享受人生囉！

這也就是「靠『個人品牌』來一決勝負」的意義了。

每道金流都是一聲感謝

看到「賺大錢」一詞時，許多人對其都抱有負面的觀感。

但賺錢這件事，其實是相當值得尊敬的行為。

賺錢的原理是，「由我們提供價值來讓消費者高興；作為回報，再從消費者那裡收取等價的報酬」。

因此，消費者要是能得到許多歡樂，那我們就會賺到很多錢。可以說「錢」這種東西，就是來自消費者「感謝」的積累。

相反的，**不能讓消費者感到快樂的個人或企業，是吸引不了錢的。而賺不到錢也就意味著，消費者對你所提供的事物並不感到滿意**。

會不分青紅皂白地批判賺錢這件事，或老喜歡強調「人生又不是只有錢」的人，其實只是在為自己沒有信心能讓人感到愉悅，又陷在賺不了錢的窘境而找藉口罷了。

因此從現在起，請光明正大地賺錢吧。

「不投資」行嗎？當然可以！

只要到書店去晃一下就會發現，架上有許多教人們如何投資理財的書籍，看來投資理財仍相當為世人所重視，本書也屬於這種類型。

投資和工作一樣，只要透過學習和累積經驗，在某個程度上都能獲得利益。可是我並不認為每個人都應該要投資才行。

就好像在買彩券的人之中，會出現一定比率的中獎人，而在有幾百萬人參與的金融交易中，也勢必有一定比率的人會賺大錢。我們的媒體最喜歡去找出這些成功的少數，透過寫書或報導來做介紹。但他們忘了，人與事物之間也是有「適合」與「不適合」之分的。

適不適合與能力無關，而是源自於每個人不同的價值觀以及生活方式。

我以不動產為核心來做資產運用，在市場暴跌時大量購入，但對我來說這都是專注於本業的工作。我認為受到市場的漲跌而影響自己的心情真的很蠢，花時間去研究每一檔股票也沒有太大的意義。

雖然基本上我支持人們應該要學習投資理財，但我並不認為懂得這麼做的人就比較聰明，也不覺得把錢放在銀行裡的人就比較愚笨。**和專注於本業相比，投資絕不在優先順位的前幾名。**

儘管有不少人指出，和美國人相比，日本人比較不會把錢投資在風險資產上，原因在於後者的理財素養（Financial Literacy，或譯金融素養）較低。然而大家也已經看到，美國人在最近的金融風暴中，蒙受的損失有多慘重。

因此，社會上也需要存在「不要投資比較好」這種意見，存在「不要碰金融商品」這樣的聲音和生活型態也是有必要的。其實在我們的社會中，還是有許多踏踏實實的人，不希望背負「讓錢工作」所產生的額外風險，願意靠自己的努力工作賺錢，然後透過儲蓄，來為不時之需做準備。

另外，我覺得像「為了讓老年生活過得更富足，應該拿退休金來投資」這種建議，其實也很有問題。

和還能靠工作來彌補投資損失的年輕人相比，老年人所擁有的時間並不多，因此，真的有必要讓自己用老年生活的重要資金來承擔可能的風險嗎？

還有人表示「將來能領到的年金會變少，只靠工作存下來的錢是不夠用的」，但我認為，這是以「退休之後就不再工作」這種舊時代思維為前提來思考所得出的結論。

我們沒有必要拿自己的人生來配合公司的制度，也可以選擇工作到自己不能動為止。

或許有人會反駁我，「你這是想用鞭子去強迫老人勞動是吧」，然而這句話，不過是誤解了工作本質的人所會說出口的臺詞罷了。

藉由工作來賺錢，提供價值，接受別人的感謝，原本就是一件令人尊敬的行為。而工作，本來就是令人感到愉悅的事。

會把退休當成夢想的人，人生的視野未免也太狹隘了。

只要專注在一件事情上，很容易就會忘了時間的存在。我認為能全心投入自己的工作，然後在回過神時發現也賺到了錢，是很理想的一種生活方式。

附錄

守住財產的能力

01 活用稅制，打好資產防衛戰

認識課稅的原理

因為日本政府對個人所得課徵的所得稅，採用的是累進稅率，所以當一個人賺得越多，要繳的稅也就越多。

為了好好保護自己的資產，我們要懂得如何合法節稅，減少現金的流出。可以說，**對「稅金」的了解，是我們要打一場資產防衛戰時，所必須具備的基礎知識。**

當然，詳細的內容還是要請讀者去和稅理士[78]做諮詢，但事前先搞懂日本課稅的機制後再去找專業人士，則能收到事半功倍之效。

我有一位年收入三千萬日圓，在外商公司上班的朋友（太太是家庭主婦，有一個孩子）。每年他要繳的所得稅為七百萬日圓，再加上二百五十萬日圓的住民稅，合計會直接從薪水中被扣掉九百五十萬日圓。

如果把社會保險費忽略不計，就算他能賺三千萬日圓，最後到手的金額也只有兩千零五十萬日圓而已，少了將近一千萬日圓。

我的年收入雖然和他差不多，但所得稅卻是零圓，住民稅每年也只需繳十萬日圓而已，所以自己手上能拿到的錢為兩千九百九十萬日圓，我和他之間所需繳納的稅金，差距竟然高達九百四十萬日圓之多。

為什麼會出現這種情況呢？

事實上，日本的稅制對上班族這種僱用型態的人來說，相當不利。

因為公司會代替國家進行「源泉徵收」[79]和年末調整，所以上班族本人是無法去調控稅金的。

但這套制度對國家而言卻很方便，從「能夠拿的我全都要」這樣的徵稅原理來看，**沒有比上班族更可口的獵物了。**

反正上班族抱怨也沒用，他們的錢就像養雞場裡的雞所下的蛋一樣，被國家以稅金的名

78 臺灣稱記帳士。
79 一種稅捐稽徵的方法，自所得源頭先行徵收，納稅義務人收到所得時，已是扣除稅款後的金額。相當於臺灣的扣繳制度。

義拿走了。

與上班族相比，自營業者或法人的經營者能夠活用課稅制度，享受到其中的福利。

會計上的赤字，是創造大量現金流的祕密武器

自營業者和中小企業的老闆，如果讓會計上呈現赤字的話，反而能讓手頭上現金充足。

雖然普遍的認知是，出現「赤字」就是虧錢，「黑字」則是賺錢，然而現實卻沒有這麼單純。當然，撇開那些賺到盆滿缽滿的公司不提，在營業額相同的情況下，**出現「赤字」更能把錢存下來**。

奧祕主要在以下兩點：

一、能計入「必要經費」[80]的差異

二、會計上的損益（嚴格來說是課稅所得）和現金流的差異

公司應付的稅金，是從營業額中扣除其他經費後，對課稅所得乘上稅率後所得到的稅額。

在這一點上，和上班族基本上沒什麼不同，但上班族的薪水收入卻是被決定好的。上班

族從收入中扣除掉醫療和扶養費等支出，再減掉所得扣除額的部分後乘上稅率，就能算出稅額。住民稅也是用所得乘上稅率後算出（原則上一律為百分之十）。

也就是說，**想讓稅金變便宜點，最好就是盡量讓所得低一些**。

而身為自營業者和中小企業老闆，最大的好處就是，可以把個人家庭的開支併入課稅所得裡面。

上班族只能用被課完稅後所剩下來的錢，去買杯咖啡或購買筆記型電腦。但只要利用自營業或法人的身分，上述費用都可以算在必要經費裡頭，而且扣除掉這些開支後的餘額才會被課稅。

在合法與非法之間，廣大的灰色地帶

舉例來說，為了買下和自己的工作沒有關聯性的本書，你得花一千四百七十日圓。但這筆買書錢是否可以給公司報銷呢？

80 日本稅法中「必要經費」，指的是為賺取收入所必要付出的開支（相當於臺灣的成本、費用）。收入減除這些成本、費用後，剩餘損益即為課稅所得（需要被課稅的收入）。

又或者，你和家人到夏威夷去度假的旅費，可以視為公司的支出嗎？

如果是普通上班族的話，當然不行。但如果是自營業者或中小企業老闆的話則沒有問題。

例如像「這是為了撰寫工作上的報告，所購買的書籍」這樣，把理由交代清楚，就可以報銷經費。另外像「我的確和家人去了夏威夷，但在當地的活動主要為視察。而參加商談後的派對，則需要有家人陪同出席」，這筆支出也可視為必要經費。

換句話說，**只要能說明花掉的錢是「工作所需的支出」，原則上就能將其全部算入必要經費**（應酬費用和明擺著的謊言，則不能視為經費支出）。

有人可能會擔心，這樣難道不算逃漏稅嗎？

其實事情的真相只有當事人清楚，稅務署的人並不知情。

活用稅金制度的灰色地帶

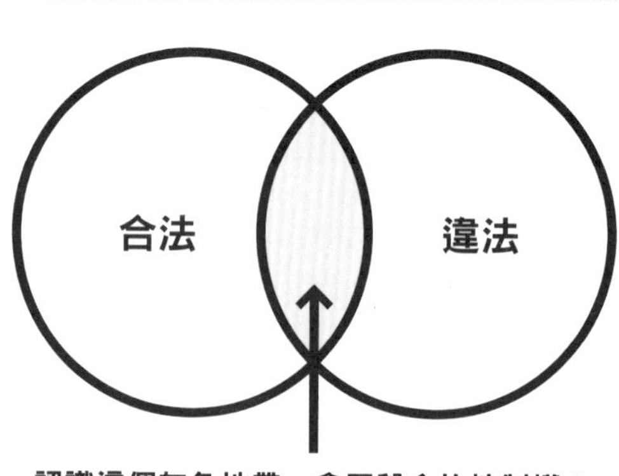

認識這個灰色地帶，拿回稅金的控制權！

因此只要個人的主張合理，稅務署基本上也沒有拒絕相信的理由，所以這種處理方式是合法的。

最後請大家務必留心，在「逃漏稅」和「節稅」之間，存在著這樣一片廣大的灰色地帶。

打造屬於個人的「避稅港」[81]

在活用前面提到的灰色地帶後，接著讓我們一起進入「特權」的世界吧！

為什麼說是「特權」的世界呢？因為不論在世界上哪一個國家之中，稅金制度的設計，對有錢人和政治人物來說，都較為有利。

因此，**為了得到特權所帶來的好處，我們必須成為「自營業者」或者「成立自己的法人」才行。**

醫師、藝人和運動選手等，都會擁有自己的法人，藉此來聰明節稅。在他們之中，有些人每年能賺到好幾億日圓，但卻幾乎不用繳稅。而會被公布在「高額納稅者排行榜」上的人，則會被視為節稅的失敗者。

81 原註：Tax Haven，指為了獲得外國資本或取得外資，刻意在稅制上提供優惠措施的國家或地區。

利用副業，取得通往特權世界的護照

舉例來說，除了上班族的身分之外，若你還從事商業書籍寫作的話，獲得的版稅收入，可以扣除寫書和販賣時「能夠清楚說明」的經費支出。

這就包含為了寫作需要而買筆電所花的錢、買文具和參考書籍花掉的錢、在咖啡廳寫作時的花費、去做調查所需要的旅費，以及和編輯碰面時的餐飲費等等。

對一個普通的上班族來說，他只能用被課完稅後手頭所剩下的錢，來支付上面的開銷。但若是他擁有持續的副業收入（申報後，可視為「事業所得」[82]），就能把這些支出也納入計算稅金的系統裡。

如此一來，只要支出的必要經費大於版稅收入，事業所得就會變成赤字。

因為在日本，事業所得為總合課稅，所以可以把薪水也納入損益計算之中。也就是說，如果你的薪水為五百萬日圓，但事業所得為負的一百萬日圓，盈虧互抵[83]之後，所得就變成四百萬日圓了。

雖然公司會對你的五百萬日圓薪資所得進行源泉徵收，但你其實只需要付四百萬日圓額度的所得稅，稅金就此降低。

之後你會收到源泉徵收部分所超收的退稅，而且隔年需要繳納的住民稅也會變便宜，如此一來手上的錢就增加了。

這種方法，也同樣適用於聯盟式行銷或網購等副業上。

讓不動產成為你的節稅機器

為什麼有錢人喜歡買房子，讓自己當包租公、包租婆呢？因為這麼做可以同時兼顧資產運用與節稅的需求，單就這點來看，不動產是很優秀的資產。

或許有些人會擔心，「當我的租金收入增加後，要繳的稅不是也會變多嗎？到頭來也沒有增加多少收入」。

事實上，因為「會計上的利益」與實際「現金流上的收益」是不同的，所以「租金收入增加」並不一定等同於「稅金增加」。

82 日本與臺灣的個人所得稅同樣有十大所得類型，其中「事業所得」相當於臺灣綜合所得稅中的「營利所得」，即個人獨資或合夥經營事業所得之盈餘。

83 日文漢字稱「損益通算」。日本所得稅法中，有四項收入如果結算後為虧損，可以按一定次序抵減當年度個人總所得金額，分別是不動產所得、事業所得、讓渡所得及山林所得。臺灣綜所稅算法不同，個別收入項目即便符合盈虧互抵條件，也僅以同所得項目為限，無法如日本的損益通算般抵扣個人所得總額。

反過來說，透過選擇或購買物件方式的不同，還能達到絕佳的節稅效果。

其中關鍵，在於「折舊」這項沒有包含在現金支出中的計入經費上。

儘管專業解說的部分本書只能割愛，但投資不動產的確可讓「黑字」的現金流，在會計上呈現為「赤字」，來壓低帳面所得，進而降低稅金的額度。

開賓士接送孩子的人，竟然不用付托兒所費用？

一般人如果看到有人開賓士接送孩子上下托兒所的話，心裡應該會浮現「這戶人家一定是有錢人」這種想法吧。

在日本，「認可保育園[84]」的費用，會依據個人在前一年度所繳納的所得稅多寡而改變。因為這個制度是繳納的稅金越多，托兒所的費用就越高，反之則越便宜。因此直觀上我們很容易會認為，家境富裕的人所付的費用會比較多。

但你可知道，在那些有錢人之中，有些人可是幾乎沒有花到錢喔！

托兒所的費用依市、區、町、村有所不同，以家裡的第一個孩子為例，費用每個月最低可到五千日圓左右，最高可達六萬日圓左右，差距頗大。

既然費用的差距能如此懸殊，對家計當然會產生很大的影響。

如果是普通上班族的家庭，因為不能掌控自己的納稅金額，所以只能支付較高的托兒所費用。

但若是使用我在前面所提到的方法（自營業者、法人、不動產），就能壓低所得稅的額度，就算自己是高收入的有錢人，還是能以便宜的費用來享受托兒所的服務，幫自己省下一筆錢。

另外，因公營住宅的房租，採取的也是與個人所得連動的計算方式，所以在一些高收入的上班族無法入住的公營住宅裡，其實也有只花小錢就住在這裡的有錢人喔！

這也能用來說明，為什麼在公營住宅的停車場中，能看見賓士或ＢＭＷ等名車了。

只要能弄清楚納稅的這套系統，就能活用與之相關的制度，讓更多的錢留在自己手上。

年收超過千萬日圓，就不該付稅金了

為什麼運動選手和藝人們都喜歡投資不動產呢？

84 日本的「認可保育園」是「認可保育所」的通稱，為基於「兒童福祉法」所運營的保育機構，為有相關需求的家庭提供托育服務，類似臺灣的托兒所。

因為他們的職業並不穩定，所以會擔心「能賺錢的時候繳一堆稅，但職業生命很短，等到不能賺錢時，卻不知道該如何過生活」。於是會想到利用不動產這種工具，來為自己打造有利的局面，「在還能賺錢時幫自己節稅，等到不能賺錢時，靠房租來養活自己」。

然而，投資不動產可不是有錢人的專利。上班族也能透過投資不動產的方式，獲得和前者一樣的效果。

請大家看一下自己的薪資明細。

把「源泉徵收」和「住民稅」的金額加起來，是多少錢呢？

上班族可能平常不太會去注意這個數字，實際上卻是不小的一筆金額。

然而只要投資不動產，每年就能多領一次名為「退稅」（還付金）的獎金。且只要住民稅降低了，每個月自己手頭上的錢也會增加，可以享受到雙重節稅的好處。

如此一來，就不會落得錢剛到手就遭所得稅、住民稅這兩種來自國家機器的掠奪，將自己的勞動價值最大化，打造一個屬於個人的避稅港。

看到這裡，大家應該都已明白「踏進特權的世界」指的是什麼意思了。

有些手腕更厲害的高手，甚至會在一些國外的海島上成立法人，雖然自己仍是一名上班族，但透過副業加上投資不動產，和一般人相比，可以把更多的錢留在自己手上。

別被遺產稅趁火打劫

有錢人需要為「以何種方式繼承遺產」來保護自己的資產而傷透腦筋，但普通人則幾乎不用去在意遺產稅這件事。

為什麼呢？因為日本的「基礎控除」[85]額度相當高。

「基礎控除」可以用「五千萬日圓＋一千萬日圓×法定繼承人數」算出來，得到的數字即是可以從課稅計算中扣除的金額，且適用於所有繼承人。

舉例來說，在丈夫去世後留下太太和兩個孩子共三人的情況下，基礎控除為八千萬日圓（五千萬日圓＋一千萬日圓×三）。這時只要沒有評估額度超過八千萬日圓的繼承財產，那麼遺產稅就是零圓，且不需申告。但假設財產為一億日圓，超出的兩千萬日圓就會被課稅，在這個例子裡，遺產稅為一百萬日圓。

其實，就算沒有能被課到稅的繼承財產，也不表示這件事就和自己沒關係。

85 日本遺產稅法中所稱「基礎控除額」，同時對應到臺灣遺產稅法中的「免稅額」及「扣除額」。自平成二十七年（西元二〇一五年）開始，日本遺產稅基本控除額已經降為「三千萬日圓＋六百萬日圓×法定繼承人數」。目前臺灣遺產稅對應的項目則是「免稅額一千二百萬台幣＋遺有配偶四百九十三萬＋成年子女人數×五十萬」。兩地遺產稅法除此之外仍有其他扣除項目，在此僅以作者舉例的基本情況做說明。

因為就算沒有遺產稅，但「繼承」這件事有很高的機率會發生。而最麻煩的，莫過於繼承人之間的意見分歧和勾心鬥角了。

當孩子要繼承自己資產的時刻到來時，應該盡量避免上述的悲劇發生才是。因此，有關這方面的基礎知識，還是知道一點會比較好。

本書在此不對這方面多做詳述，但建議可以透過購買租賃用的不動產，或者把資產全部法人化，然後讓家人當法人的股東等方法來做處理。

結語

感謝各位堅持讀到最後了。

不知道大家有些什麼想法呢？

或許有些人心裡會認為「書中的內容，對普通人來說難以執行」。

可是，到底是誰把你定位成「普通人」了呢？難道不是人們隨意決定了自己的界限能到哪裡，不是嗎？我們往往會作繭自縛，而且還把外界的資訊阻隔在這層厚繭之外。

在公司的會議上常可以看到這樣的風景：有人會說「我們一直以來都按照老規矩行事，這樣不是很好嗎？」但也有人會表示，「因為總是一成不變，所以來挑戰些新的事物吧」。這兩種意見，或許都是正確的答案。但哪一種比較能開創出新的可能性呢？

美國前總統林肯曾經說過：「不管你認為自己『做得到』還是『做不到』，兩個判斷都是正確的。」

認為自己做得到的人，願意去嘗試新的事物，並藉由行動來改變自己以及身邊的環境。而認為自己做不到的人，則不願嘗試新的事物，他所處的環境也永遠不會有任何改善。

或許有人會說「你講的都是些理想的空話」。但我認為在現實生活中，應該不會有人被夾在到底是要「過著有理想的生活」還是「從一開始就放棄的生活」，這兩種結局完全不同的抉擇中吧。

既然人生難得，我認為大家不妨高舉理想，朝著夢想努力大步邁進。

「夢想最令人開心之處，是我們忘我地走在逐夢的路上」，誠如此話所言，最能讓人們感受到充實感的，就在於我們去完成某件事情的過程。

最後，我要感謝神吉出版社的谷內志保先生，有賴他的努力不懈，最終才能把如此大量的原稿整理成一本書。

參考書目

『生涯現役社会のつくり方』横石知二／ソフトバンク新書
『だまされないための年金・医療・介護入門』鈴木亘／東洋経済新報社
『なぜか日本人が知らなかった　新しい株の本』山口揚平／ランダムハウス講談社
『「知の衰退」からいかに脱出するか？』大前研一／光文社
『今こそ知りたい資産運用のセオリー』竹中正治／光文社
『バフェット流投資に学ぶこと、学んではいけないこと』（*Even Buffett Isn't Perfect*）Vahan Janjigian（著）、平野誠一（翻譯）／ダイヤモンド社
『景気に左右されない力』鈴木智之／ファーストプレス
『人はカネで9割動く』向谷匡史／ダイヤモンド社
『お金に困らなくなるマイホームの買い方・つかい方』山崎隆／ダイヤモンド社

※本書中提到的數字和制度，為截至二〇〇九年十一月底的資料。
※本書的內容以提供資訊為目的，而非投資建議。是否進行投資的最終判斷，還請讀者自行衡量。

國家圖書館出版品預行編目 (CIP) 資料

金錢的才能：用 20 萬積蓄滾出 8000 萬身價！窮忙族變身億萬富豪的「加速創富」投資術／午堂登紀雄著；林巍翰譯 . -- 初版 . -- 新北市：方舟文化出版：遠足文化事業股份有限公司發行，2021.11
面；　公分 . --（致富方舟；1）
譯自：お金の才能
ISBN 978-626-95006-8-0（平裝）
1. 投資技術 2. 投資學 3. 成功法
563.5　　110017440

方舟文化官方網站

方舟文化讀者回函

致富方舟 0001

金錢的才能

用 20 萬積蓄滾出 8000 萬身價！窮忙族變身億萬富豪的「加速創富」投資術

お金の才能

作者　午堂登紀雄｜**譯者**　林巍翰｜**封面設計**　吳郁婷｜**內頁設計**　黃馨慧｜**主編**　邱昌昊｜**行銷主任**　許文薰｜**總編輯**　林淑雯｜**讀書共和國出版集團**　**社長**　郭重興｜**發行人兼出版總監**　曾大福｜**業務平臺總經理**　李雪麗｜**業務平臺副總經理**　李復民｜**實體通路協理**　林詩富｜**網路暨海外通路協理**　張鑫峰｜**特販通路協理**　陳綺瑩｜**實體通路經理**　陳志峰｜**印務**　江域平、黃禮賢、林文義、李孟儒｜**出版者**　方舟文化／遠足文化事業股份有限公司｜**發行**　遠足文化事業股份有限公司　231 新北市新店區民權路 108-2 號 9 樓　電話：（02）2218-1417　傳真：（02）8667-1851　劃撥帳號：19504465　戶名：遠足文化事業股份有限公司　客服專線：0800-221-029　E-MAIL：service@bookrep.com.tw｜**網站**　www.bookrep.com.tw｜**印製**　通南彩色印刷有限公司｜**法律顧問**　華洋法律事務所　蘇文生律師｜**定價**　380 元｜**初版一刷**　2021 年 11 月

OKANE NO SAINOU
by TOKIO GODOU

RICH
ARK
致富方舟

RICH
ARK
致富方舟